Les Ateliers Hachette présentent :

CP CE1 Cycle 2

DÉCOUVERTE DU MONDE

Guy BLANDINO
Directeur d'école d'application

Philippe BOURGOUINT
Directeur d'école d'application

Martine GÉHIN
Professeur des Écoles Maître Formateur

Judicaël GÉHIN
Professeur des Écoles

LES ATELIERS HACHETTE

hachette ÉDUCATION

Pour Hachette Éducation, le principe est d'utiliser des papiers composés de fibres naturelles, renouvelables, recyclables, fabriquées à partir de bois issus de forêts qui adoptent un système d'aménagement durable.
En outre, Hachette Éducation attend de ses fournisseurs de papier qu'ils s'inscrivent dans une démarche de certification environnementale reconnue.

- **Responsable de projet :** Véronique de Finance-Cordonnier
- **Création de la maquette de couverture :** Laurent Carré
- **Illustration de la couverture :** Alain Boyer
- **Exécution de la couverture :** Typo-Virgule
- **Création de la maquette intérieure :** Caroline Rimbault
- **Mise en pages :** Caroline Rimbault
- **Illustrations :** Gilles Poing
- **Illustrations des pages 27, 46, 56-57, 65, 81, 95 et 153 :** Jean-Louis Goussé
- **Dessins de la mascotte et des personnages pages 49, 54, 72 et 73 :** Paul Beaupère
- **Fonds en parchemins et création du logo pour « L'atelier des artistes » :** Nathalie Desverchère
- **Recherche iconographique :** Julia Souchal et Véronique de Finance-Cordonnier

ISBN 978-2-01-117390-4

AVANT-PROPOS

Ce manuel destiné aux classes de CP et de CE1 propose une mise en œuvre dynamique et active du programme de **Découverte du monde** dont il suit le découpage en quatre parties : « **L'espace** », « **Le temps** », « **Le vivant** » et « **La matière** ». Proche de l'univers des enfants sans déroger à la rigueur scientifique, la démarche s'articule autour d'un questionnement qui conduit à des investigations, puis à l'acquisition de nouvelles connaissances par l'observation, l'étude de documents, la lecture, la mise en relation des informations, l'expérimentation, l'action et la généralisation.

Une démarche active

À toutes les pages, les élèves sont invités à s'interroger, à observer, à comparer, à classer, à expliciter, à manipuler, à construire, à vérifier, à expérimenter, à raisonner et à agir. Ils sont impliqués à tous les moments de la séquence de travail : la rubrique « **Cherchons ensemble** » permet d'amorcer une discussion collective de laquelle surgissent les représentations que les enfants ont des notions abordées ; un ensemble de « **Questions** » oblige à une analyse fine des documents ; et la rubrique « **Atelier** » propose des activités, souvent collectives ou en petits groupes, afin de permettre à tous de manipuler et de s'approprier les notions étudiées.

Un ouvrage résolument proche des élèves

Les sujets traités reprennent dans leur titre les questions que les élèves se posent sur le monde qui les entoure. Un dessin mettant en scène un animal illustre le titre de façon amusante pour faciliter l'approche de la leçon. Les documents sont choisis pour évoquer le quotidien des élèves et la réalité de la vie contemporaine. Le vocabulaire utilisé est simple et concret.

Une présentation claire et attractive

Chaque partie aborde l'ensemble des notions définies dans les nouveaux programmes et se compose de :

- plusieurs doubles pages de leçon traitées sous forme de **documentaire** avec des photographies ou des schémas pour l'observation, un questionnement pour la réflexion et un court texte pour expliquer la notion abordée ;
- quelques doubles pages « **Zoom sur…** » mettant l'accent sur des savoirs, des savoir-faire et des expérimentations ;
- une double page « **Savoir…** » qui constitue une évaluation simple des principales connaissances abordées dans la partie ;
- une double page « **L'atelier des artistes** » dans laquelle l'élève découvre d'autres façons de concevoir le monde à travers des poèmes et des œuvres d'art en lien avec le thème de la partie concernée.

Toutes les doubles pages sont construites à l'identique. Ainsi, l'élève se repère facilement dans les différentes parties.

À la fin de l'ouvrage, un **lexique** aide l'élève à mieux comprendre les termes les plus difficiles et à acquérir un vocabulaire scientifique précis.

LA LEÇON

Le logo rappelle la partie du programme traitée.

3 ou 4 questions permettent d'entamer une discussion collective. Elles constituent l'amorce de la leçon.

Le titre est rédigé sous la forme d'une question qui suscite la curiosité scientifique.

L'objectif de la leçon est clairement énoncé.

Le texte de la leçon est court et clair.

Le vocabulaire difficile est écrit en bleu ; il est expliqué dans le lexique à la fin de l'ouvrage.

LE VIVANT

Objectif : Découvrir une des manifestations de la vie animale : la croissance.

9. Comment grandissent les animaux ?

Cherchons ensemble

- Comment s'appelle un agneau quand il devient adulte ?
- Quelle différence fais-tu entre un poussin et un coq ?
- En quoi se transforme une chenille ?

▶ Du petit à l'adulte

Les animaux sont des êtres vivants. Ils naissent et grandissent. Ils sont d'abord petits, puis ils deviennent adultes. Leur corps change : leur taille augmente et parfois leur couleur varie. Quelquefois aussi, il leur pousse des cornes ou des défenses...

Document 1 : Un manchot adulte et son petit.

Document 2 : Un agneau.

Document 3 : Un agneau devenu adulte, le bélier.

Document 4 : Un têtard.

Document 5 : Une grenouille.

▶ Des transformations spectaculaires

En grandissant, certains animaux changent complètement de forme : le têtard devient une grenouille, la chenille devient un papillon... On parle de métamorphose.

A : Une chenille. B : Une chrysalide. C : La naissance du papillon. D : Un papillon.

Document 6 : La transformation d'une chenille en papillon.

Questions

1. Observe le Document 1.
• De quelles couleurs sont les plumes du petit manchot ? et celles du manchot adulte ?
• Qu'y a-t-il comme autre différence entre ces deux manchots ?
2. Compare les Documents 2 et 3. Quelles sont les différences entre l'agneau et le bélier ?
3. Compare le têtard (Document 4) à la grenouille (Document 5). Que peux-tu dire ?
4. Observe la transformation de la chenille en papillon (Document 6). Quelles différences y a-t-il entre la chenille (A) et le papillon (D) ?

Atelier

Cherche des noms de petits d'animaux : le poussin, le veau, le chiot, le poulain... et écris-les en colonne. Puis note à côté les noms du père et de la mère : le poussin – le coq – la poule.

JE RETIENS

- Les animaux grandissent. Ils changent de taille et de couleurs.
- Certains se transforment complètement : ils se métamorphosent.

100 Cent — Cent un 101

Les documents sont référencés et accompagnés d'une légende.

Des questions guident l'observation et aident à construire progressivement les connaissances.

Une activité à faire le plus souvent collectivement favorise l'appropriation et la synthèse des connaissances.

L'essentiel de la leçon est résumé de façon simple pour être facile à retenir.

SAVOIR...

Quelques exercices fondamentaux permettent de faire la synthèse et d'évaluer les notions acquises.

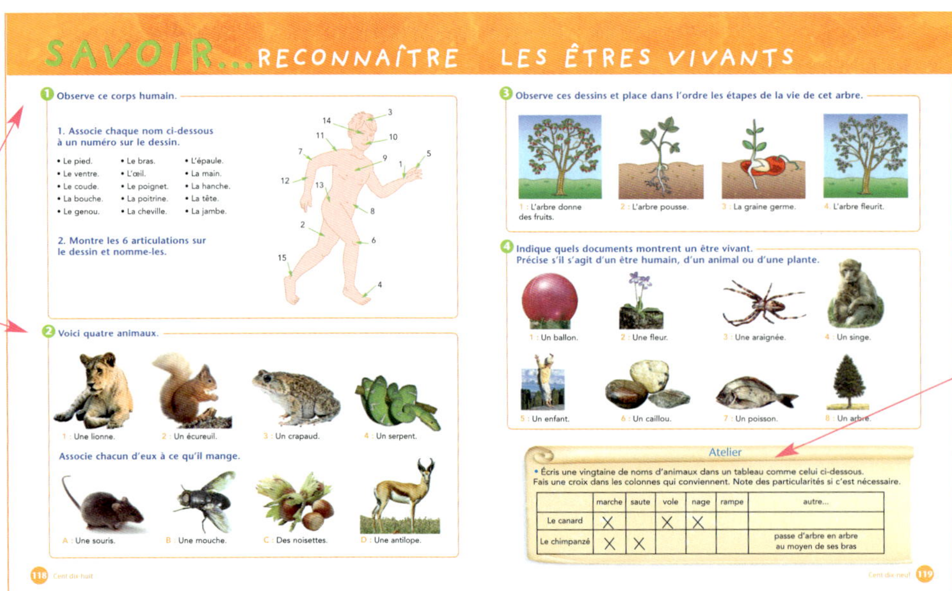

SAVOIR... RECONNAÎTRE LES ÊTRES VIVANTS

1 Observe ce corps humain.

1. Associe chaque nom ci-dessous à un numéro sur le dessin.

• Le pied.	• Le bras.	• L'épaule.
• Le ventre.	• L'œil.	• La main.
• Le coude.	• Le poignet.	• La hanche.
• La bouche.	• La poitrine.	• La tête.
• Le genou.	• La cheville.	• La jambe.

2. Montre les 6 articulations sur le dessin et nomme-les.

2 Voici quatre animaux.

1 : Une lionne. 2 : Un écureuil. 3 : Un crapaud. 4 : Un serpent.

Associe chacun d'eux à ce qu'il mange.

A : Une souris. B : Une mouche. C : Des noisettes. D : Une antilope.

3 Observe ces dessins et place dans l'ordre les étapes de la vie de cet arbre.

1 : L'arbre donne des fruits. 2 : L'arbre pousse. 3 : La graine germe. 4 : L'arbre fleurit.

4 Indique quels documents montrent un être vivant. Précise s'il s'agit d'un être humain, d'un animal ou d'une plante.

1 : Un ballon. 2 : Une fleur. 3 : Une araignée. 4 : Un singe.

5 : Un enfant. 6 : Un caillou. 7 : Un poisson. 8 : Un arbre.

Atelier

• Écris une vingtaine de noms d'animaux dans un tableau comme celui ci-dessous. Fais une croix dans les colonnes qui conviennent. Note des particularités si c'est nécessaire.

	marche	saute	vole	nage	rampe	autre...
Le canard	X		X	X		
Le chimpanzé	X	X				passe d'arbre en arbre au moyen de ses bras

118 Cent dix-huit — Cent dix-neuf 119

Une activité à faire le plus souvent collectivement propose un réinvestissement des connaissances.

ZOOM SUR...

Un document complémentaire apporte parfois une information en plus.

Zoom sur... VOIR GRANDIR UN POUSSIN

Le poussin est un être vivant. Il naît, grandit et devient un adulte.
Observe le film de la vie d'un poussin et découvre les différentes étapes de sa transformation.

Une poule couve ses œufs pendant 21 jours.

La naissance du poussin

Document 1 : Le poussin frappe la coquille avec son bec. La coquille se fend, puis un petit morceau se détache.

Document 2 : Le poussin brise complètement la coquille.

Document 3 : Le poussin sort de la coquille.

Document 4 : Le poussin est né.

La croissance du poussin

Document 5 : 1er mars, le poussin se met debout. C'est un mâle ou une femelle. Dès le premier jour de sa naissance, le poussin mange des petits vers de terre et des graines. Il mesure 10 cm.

Document 6 : 1er avril, le poussin a grandi. Son duvet jaune s'est transformé en plumes blanches. Il est devenu un poulet ou une poulette. Il mesure 20 cm.

Document 7 : 1er mai, le poulet est devenu un coq. Il a une crête rouge et de belles plumes. Il mesure 40 cm.

Document 8 : 1er mai, la poulette est devenue une poule adulte. Elle peut à son tour pondre des œufs. Elle mesure 30 cm.

Questions

1. Observe les Documents 1 et 2. Que fait le poussin avec son bec ?
2. Comment sont les plumes du petit poussin (Documents 3 et 4) ?
3. Observe attentivement les étapes de la croissance du poussin (Documents 5, 6, 7 et 8). Quels principaux changements vois-tu (taille, forme, couleurs) ?
4. Quelles sont les différences entre le coq et la poule (Documents 7 et 8) ?

Atelier

• Prends une feuille et dessine une poule à partir d'un œuf en suivant le modèle ci-dessous.

102 Cent deux

Cent trois 103

Une activité à faire le plus souvent collectivement permet l'application immédiate de la méthode ou du processus exposés.

Une succession de documents permet d'expliquer une méthode ou un processus.

Des questions accompagnent les documents et aident à la compréhension de la démarche mise en œuvre.

L'ATELIER DES ARTISTES

Des poèmes simples permettent de faire le lien immédiat entre la connaissance du monde et la littérature.

Des œuvres d'art en lien avec le thème proposent une ouverture sur le monde artistique.

L'atelier des artistes

Document 1 : « Les Trois Âges », peinture de Jules Scalbert (19e – 20e siècles).

1. Pourquoi ce tableau (Document 1) fait-il penser à une photographie ?
2. Quels sont les trois âges représentés dans le tableau ?

Des yeux pour voir

Des yeux pour voir
Le jour, le soir,
Le petit loir,
Les raisins noirs,
Les raisins verts
Et les éclairs
Dans le miroir.

Des yeux pour voir
Le ciel du soir,
La lune rouge
Un arbre noir...

Des yeux pour voir
Les cheveux blonds
Les cheveux noirs
Les cheveux blancs,
L'ombre du soir.

Des yeux pour voir
Un cœur qui tremble,
Une main tendre.

© Pierre Gamarra.

Une poule sur un mur

Une poule sur un mur
A pondu quatorze œufs frais.
Mais pendant qu'elle pondait,
Le soleil d'août les cuisait.

Une poule sur un mur
A couvé quatorze œufs durs.
Il en sortit des poulets
Aussi durs que des galets.

À peine nés, ils roulèrent
Pesamment jusqu'au ruisseau
Malgré les cris de leur mère
Éplorée au bord de l'eau.

C'est depuis lors que l'on voit,
Folle encor de désarroi,
Une poule sur un mur
Qui picote du pain dur,

C'est depuis lors que l'on voit
– Picoti et picota –
Une poule qui cent fois
Grimpe au mur et saute en bas.

Maurice Carême, *in À cloche-pied*, © Fondation Maurice Carême, tous droits réservés.

Document 2 : « Paradis 2 », peinture (20e siècle).

1. Observe cette peinture (Document 2). Que représente-t-elle ?
2. Que remarques-tu à propos des couleurs ?

Atelier

• Va chercher dans la nature différents éléments : feuilles, mousses, pétales de fleurs... Colle-les sur une grande feuille de carton de façon à représenter un paysage. Si nécessaire, complète ton tableau avec des formes peintes.

120 Cent vingt

Cent vingt et un 121

Une activité artistique, individuelle ou collective, incite à l'observation et favorise l'expression personnelle.

Quelques questions initient l'élève à l'observation d'œuvres d'art.

SOMMAIRE

L'espace

Le temps

Le vivant

La matière

L'espace

1. Comment est

L'ESPACE

Cherchons ensemble

- Comment sont les murs de ta classe ?
- Combien y a-t-il de portes ? de fenêtres ?
- Où es-tu assis(e) par rapport au bureau de la maîtresse ?

Un écolier avec son cartable.

Haut

Gauche

Droite

Bas

Document 1 : La photographie d'une salle de classe.

▶ Montrer une photographie

Pour raconter comment est ta classe, il est plus facile d'utiliser une photographie. Une photographie est une image. Elle permet de montrer la réalité en détail. Mais selon l'endroit d'où elle a été prise, elle ne montre pas tout. Il y a toujours un morceau de l'espace que tu ne peux pas voir…

ta classe ?

Objectifs : Différencier les informations données d'un même lieu par une photographie ou un plan. Apprendre à situer des éléments dans l'espace.

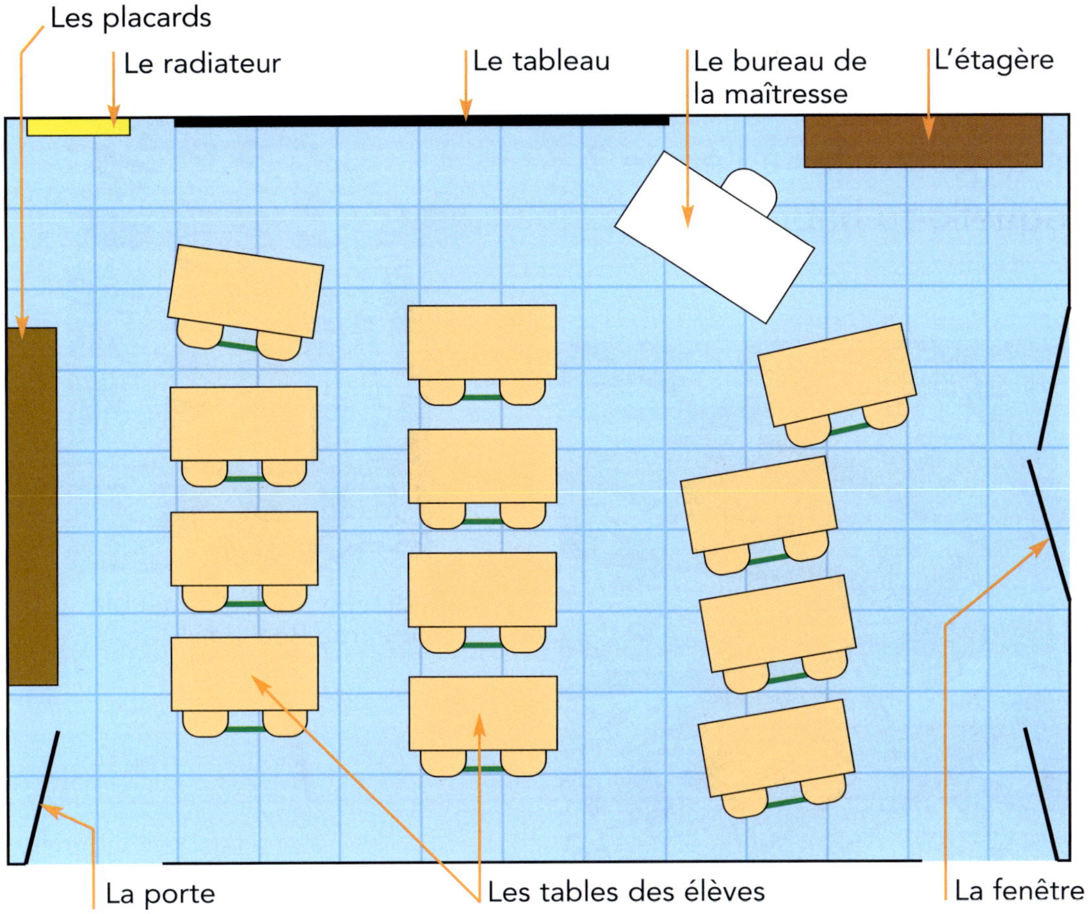

Document 2 : Le plan de la salle de classe que tu vois sur la photographie.

▶ Faire un plan

Pour représenter ta classe, tu peux dessiner un plan. Le plan représente un lieu « à plat » vu d'en haut. Il permet de montrer la forme de la classe, la place des portes, des fenêtres et des meubles… Mais il ne montre pas la réalité comme le fait la photographie.

Questions

1. Observe la photographie (Document 1).
- Décris la pièce, les murs, le sol.
- Où se trouve le bureau de la maîtresse ?
- Quels éléments importants de la pièce ne vois-tu pas sur cette photographie ?

2. Regarde le plan (Document 2).
- Comment sont rangées les tables des élèves ?
- Où se trouve le radiateur ?

3. Compare la photographie (Document 1) et le plan (Document 2). Que vois-tu sur le plan que tu ne vois pas sur la photographie ?

Atelier

- Dépose quelques objets sur ta table de classe puis dessine le plan de ta table sur une feuille.

JE RETIENS

- Une photographie et un plan permettent de montrer un lieu et de situer les éléments dans l'espace.
- La photographie montre la réalité.
- Le plan représente un lieu vu d'en haut.

2. Où habites-

Cherchons ensemble

- Habites-tu près ou loin de ton école ?
- Quel chemin prends-tu pour aller à l'école ?
- Décris la rue dans laquelle tu habites.

Document 2 : L'immeuble du 7, rue Beaujon.

Document 1 : Une photographie aérienne de la place Charles-de-Gaulle à Paris.

Document 3 : L'Arc de Triomphe, sur la place Charles-de-Gaulle.

▶ Vue du ciel

Une photographie prise depuis un avion montre un lieu vu du ciel : c'est une photographie aérienne. Tu peux repérer le tracé des rues, la place des bâtiments et des jardins.
Grâce à une photographie aérienne, on dessine plus facilement le plan d'une ville ou d'un quartier.

Objectifs : Faire le lien entre une photographie aérienne et un plan. Savoir se repérer sur un plan.

tu ?

Le nom d'une rue est toujours indiqué par une plaque.

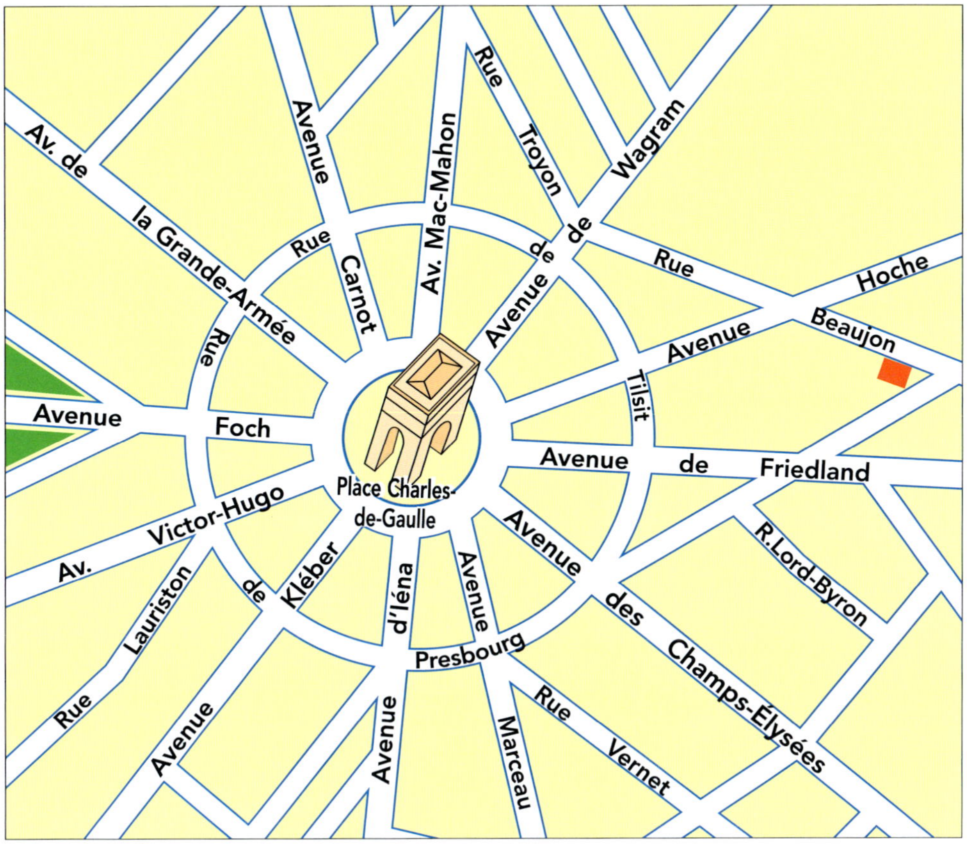

Document 4 : Le plan de la place Charles-de-Gaulle.

Sur un plan

Sur un plan, tu retrouves les éléments principaux d'une photographie aérienne : les rues, les bâtiments et les jardins. Pour mieux se repérer, on y écrit les noms des rues.

Questions

1. Observe la photographie (Document 1).
• D'où a-t-elle été prise ?
• Combien comptes-tu d'avenues qui partent de la place Charles-de-Gaulle ?
• Pourquoi appelle-t-on aussi cet endroit la « place de l'Étoile » ?
• Comment s'appelle le monument situé au centre de la place ? Aide-toi du Document 3.

2. Retrouve l'immeuble (Document 2) sur le plan (Document 4). Dans quelle rue est-il situé ?

3. Quelles rues coupent l'avenue Hoche (Document 4) ?

Atelier

• Cherche un plan de ta ville ou de ton village. Trouves-y ton école. À l'aide d'un papier calque, reproduis le plan du quartier où elle est située.

JE RETIENS

• Une photographie aérienne permet d'avoir une vue d'ensemble d'un lieu.
• À l'aide d'une photographie aérienne, on peut dessiner un plan. Pour mieux se repérer, on y écrit les noms des rues.

Zoom sur... PRENDRE

Lorsque tu prends une photographie, tu choisis deux choses :
– le sujet de la photographie ;
– l'endroit où tu te places pour prendre ta photographie.
Observe ces documents et tu comprendras que ce que tu vois dépend de l'endroit où tu te trouves.

Avant d'appuyer sur le déclencheur, la petite fille choisit le meilleur endroit pour prendre sa photographie.

Le photographe peut prendre sa photographie de face…

Document 1 : Une vue de face.
Le photographe s'est placé devant l'arbre.

… ou sur le côté.

Document 2 : Une vue de côté.
Le photographe s'est placé à gauche de l'arbre.

Document 3 : Une autre vue de côté.
Le photographe s'est placé à droite de l'arbre.

UNE PHOTOGRAPHIE

Le photographe peut choisir aussi de faire sa photographie :

… de près,

Document 4 : Une vue d'un détail de la maison. Le photographe s'est mis près de la maison.

… de loin,

Document 5 : Une vue d'ensemble de la maison. Le photographe s'est mis loin de la maison.

… ou même de très loin.

Document 6 : Une vue aérienne d'un groupe de maisons. Le photographe est monté dans un avion.

Questions

1. Observe la photographie (Document 1).
• Où se trouve l'arbre ? Que cache-t-il ?

2. Sur quelle photographie (Documents 2 et 3) vois-tu le mieux ce qui est caché par l'arbre dans le Document 1 ?

3. Où est placé l'arbre dans le Document 2 ?
• Où s'est placé le photographe ?

4. Observe les deux photographies (Documents 4 et 5). Retrouve sur la photographie prise de loin l'élément de détail pris sur l'autre photographie.

5. Regarde le Document 6. Que vois-tu sur cette photographie prise du ciel ?

Atelier

• Allez dans la cour de l'école avec le maître ou la maîtresse. Prenez plusieurs photographies de votre école. Collez-les sur une grande feuille et indiquez comment elles ont été prises (de près, de loin, de face…).

3. Qu'est-ce qu'un

L'ESPACE

Cherchons ensemble

- Que vois-tu par la fenêtre de ta classe ?
- Qui a construit les maisons, les routes... ?
- D'après toi, qu'est-ce que la « nature » ?

Document 1 : Le village de Morville en Lorraine.

▶ Des espaces habités

Quand tu regardes un paysage, tu vois la nature : une montagne, une rivière, la forêt... Tu vois aussi des éléments créés par l'homme : des maisons, des immeubles, des champs, des routes, des usines... L'homme aménage l'endroit où il vit et transforme le paysage.

Document 2 : La ville de Paris en Île-de-France.

Objectifs : Comprendre ce qu'est un paysage et observer le rôle de l'homme dans sa transformation.

paysage ?

▶ Des espaces naturels

Un paysage est « naturel » lorsque l'homme n'a pas transformé la nature. Aujourd'hui, il ne reste plus beaucoup d'endroits « naturels ». Il y a des espaces protégés où les animaux vivent en liberté. Il est interdit d'y cueillir des plantes et d'y circuler en voiture.

Document 3 : Le parc national des Écrins dans les Alpes.

Document 4 : La réserve naturelle de Koh-Kastel à Belle-Île-en-Mer en Bretagne.

Questions

1. Observe ce paysage (Document 1).
   - Que vois-tu ?
   - Qu'est-ce que l'homme y a construit ?
   - Quels éléments de la nature reste-t-il ?
2. Décris ce que tu vois sur le Document 2.
   - Que reste-t-il de la nature dans ce paysage ?
3. Observe ces deux paysages (Documents 3 et 4). Pourquoi peux-tu dire que ce sont des paysages « naturels » ?

Atelier

- Avec tes camarades, cherche des cartes postales de paysages et colle-les sur une affiche. Classe les paysages en mettant en haut ceux qui présentent le plus d'éléments naturels et en bas ceux qui présentent le plus d'éléments construits par l'homme.

JE RETIENS

- Dans un paysage, il y a des éléments naturels et des éléments créés par l'homme.
- Il reste peu de paysages naturels : en aménageant l'endroit où il vit, l'homme transforme les paysages.

L'ESPACE

4. Ville ou

Cherchons ensemble

- Habites-tu en ville ou à la campagne ?
- À ton avis, quelle est la principale différence entre la ville et la campagne ?
- Quelles villes connais-tu ?

Document 1 : Une grande rue de Marseille.

Document 2 : Le passage du métro à Paris.

▶ Un paysage de ville

De plus en plus de gens vivent dans les villes. Ils y trouvent des maisons et beaucoup d'immeubles, des magasins, des bureaux, des écoles, des hôpitaux. Ils peuvent aussi aller au cinéma, au stade, au théâtre... Ils circulent à pied, à bicyclette, en voiture ou en transports en commun : autobus, métro, tramway... Souvent, les rues sont encombrées et bruyantes.

Objectifs : Observer et comparer un paysage urbain et un paysage rural.

campagne ?

Document 4 : Une route au milieu des champs.

Document 3 : Quelques maisons dans la campagne.

Un paysage de campagne

À la campagne, la nature est partout. Les gens vivent surtout dans des petits villages au milieu des prés, des forêts ou des champs cultivés. C'est moins bruyant que la ville. Mais il faut parfois aller loin pour travailler ou pour aller à l'école.

Questions

1. Où cette photographie a-t-elle été prise (Document 1) ?
   - Quelle sorte d'habitations vois-tu ?
   - Y a-t-il beaucoup d'arbres ?
   - Comment les gens circulent-ils ?
   - S'agit-il d'un paysage de ville ou de campagne ?
2. Observe le Document 2. Comment appelle-t-on ce genre de moyen de transport ?
3. Quelles couleurs dominent dans ces photographies (Documents 3 et 4) ?
   - Où les habitations sont-elles situées ?
4. Compare les Document 1 et 3. Quelles sont les principales différences ?

Atelier

- Cherche des photographies d'endroits que tu connais. Classe-les selon qu'il s'agit de paysages de ville ou de campagne. Avec toute la classe, colle-les à leur place sur une grande carte de France.

JE RETIENS

- Beaucoup de gens vivent et travaillent dans les villes. Les rues sont très animées.
- À la campagne, les habitants sont plus proches de la nature. La vie est plus calme.

5. Que vois-tu au bord

Cherchons ensemble

- Quel paysage imagines-tu quand on te parle de la mer ?
- De quoi un pêcheur a-t-il besoin pour travailler ?
- Que font les gens en vacances au bord de la mer ?

Document 1 : Les falaises d'Étretat sur la Manche.

Document 2 : Une plage de sable à La Baule sur l'océan Atlantique.

Les bords de mer

Tous les paysages de bords de mer ne se ressemblent pas.
Certaines côtes sont formées de plages de sable ou de galets.
D'autres sont constituées de falaises ou de rochers.
Les mers qui bordent la France sont : la mer du Nord, la Manche, l'océan Atlantique et la mer Méditerranée (voir la carte page 31).

Objectifs : Observer un paysage de bord de mer. Comprendre l'influence du milieu sur les activités de l'homme.

Document 3 : Des bateaux de pêche dans le port de Joinville, sur l'île d'Yeu.

▶ Les hommes et la mer

Les gens qui habitent près des côtes vivent de la mer : ils sont pêcheurs, réparent les bateaux, travaillent dans les ports ou accueillent les touristes dans les hôtels, les restaurants… En été, de nombreux vacanciers vont au bord de la mer : ils se baignent, font de la voile, du surf, et se reposent sur les plages…

Document 4 : Des usines dans le port du Havre au bord de la Manche.

Document 5 : Des enfants qui font de la voile.

Questions

1. Observe ce bord de mer (Document 1). Comment est la côte ?
2. Que montre le Document 2 ?
   - La côte ressemble-t-elle à celle du Document 1 ?
   - Que font les gens ?
   - Qu'y a-t-il tout le long de la plage à gauche ? Pourquoi ?
3. Observe le Document 3. Quelle sorte de bateaux vois-tu ?
4. Que montre cette photographie (Document 4) ?
5. Que font ces enfants (Document 5) ?

Atelier

- Avec les autres élèves de ta classe, fais la liste de toutes les activités (travail et loisirs) que l'on peut pratiquer à la mer. Puis trouve les noms de toutes les personnes qui participent à ces activités (pêcheur, moniteur de voile…).

JE RETIENS

- La mer est bordée de plages, de falaises ou de rochers.
- Les habitants des bords de mer vivent de la pêche ou travaillent dans les ports. L'été, ils accueillent de nombreux touristes.

6. Que vois-tu à

L'ESPACE

Cherchons ensemble

- À quoi penses-tu quand on te dit le mot « montagne » ?
- Comment s'appelle le haut d'une montagne ?
- Quels sports se pratiquent à la montagne en hiver ?

La marmotte vit à la montagne. Elle reste dans son terrier l'hiver et sort l'été.

Document 1 : Des hautes montagnes dans les Pyrénées.

▶ Les montagnes

Il existe deux sortes de montagnes :
- des montagnes très élevées avec des sommets pointus et rocheux ;
- des montagnes moins hautes avec des sommets arrondis.

En France, les principales montagnes sont : les Alpes, les Pyrénées, le Massif central, les Vosges et le Jura (voir la carte page 31).

Document 2 : Des montagnes peu élevées dans les Vosges.

Objectifs : Observer un paysage de montagne. Comprendre l'influence du milieu sur les activités de l'homme.

la montagne ?

▶ Les hommes et la montagne

Les habitants des montagnes vivent surtout dans les vallées. Ils travaillent dans des usines, des commerces ou élèvent des animaux.
Les touristes vont à la montagne en hiver pour le ski, en été pour l'escalade et les randonnées.
À cause du climat, la vie en montagne est très différente selon les saisons.

Document 4 : Une station de ski dans les Alpes.

Document 3 : Un troupeau de moutons dans les montagnes du Massif central, en été.

Questions

1. Observe cette photographie (Document 1).
• Que montre-t-elle ?
• Est-ce un paysage d'été ou d'hiver ?

2. Décris le sommet de cette montagne (Document 2).
• Ressemble-t-il au sommet de la montagne du Document 1 ?

3. Pourquoi conduit-on les moutons dans la montagne en été (Document 3) ?

4. En quelle saison a été prise cette photographie (Document 4) ? Pourquoi ?
• Que font les personnes que tu vois ?

Atelier

• Procure-toi des catalogues qui montrent les sports pratiqués en hiver et en été à la montagne. Découpe les photos et classe-les en deux colonnes : sports d'hiver, sports d'été.

JE RETIENS

• Il existe des montagnes aux sommets pointus et d'autres aux sommets arrondis.
• À la montagne, les habitants vivent surtout dans les vallées. Les touristes y viennent pour faire du ski ou de la randonnée.

Zoom sur... DÉCRIRE

Décrire un paysage, c'est dire ce que tu vois en réalité ou sur une photographie. Pour ne rien oublier, procède par étapes !

Une grappe de raisin.
Le raisin est le fruit de la vigne.

Étape 1 : observe le paysage dans son ensemble. Indique s'il s'agit d'un paysage de campagne, de ville, de mer ou de montagne...

Que vois-tu ?
Des montagnes aux pentes douces.
→ C'est une région de montagnes peu élevées.

Que vois-tu ?
Des champs et des arbres.
→ C'est la campagne.

Que vois-tu ?
Quelques maisons à côté d'une église
→ C'est un village.

Document 1 : Un paysage d'Alsace.

UN PAYSAGE

Étape 2 : dis ce que tu vois sur la photographie, de la partie la plus proche à la partie la plus éloignée.

Document 2 : Le village.

Au premier plan

Le village : il est formé de petites maisons à côté d'une église entourée de murs fortifiés.

Document 3 : Les champs.

Au deuxième plan

Les champs : ils entourent le village. Certains sont des vignes. On aperçoit, entre les champs, une route qui va au village.

Document 4 : Les montagnes.

Au troisième plan

Les montagnes : elles sont peu élevées et sont couvertes de forêts. Ce sont les éléments naturels de ce paysage.

Questions

1. Observe cette photographie (Document 1).
   - Que remarques-tu en premier dans ce paysage ?
   - Quels éléments te permettent de dire qu'il s'agit d'un paysage de campagne ?
   - Comment sont les montagnes ?
2. Décris le village (Document 2).
   - Quel plan occupe-t-il dans la photographie ?
3. Que vois-tu au deuxième plan dans le Document 3 ?
4. Où se trouvent les montagnes (Document 4) ?

Atelier

- Représente un paysage du premier au dernier plan en découpant des feuilles de couleurs différentes. Colle-les comme ci-contre.

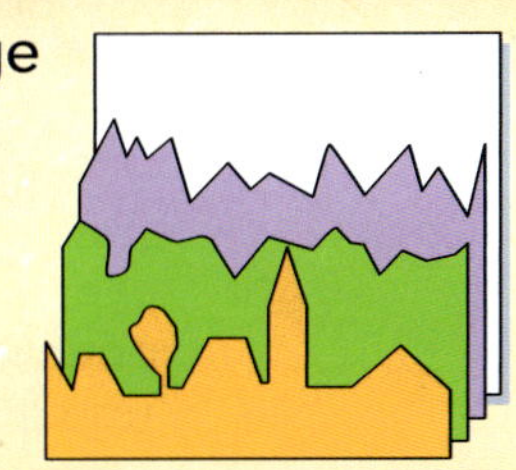

7. Qu'est-ce que

Cherchons ensemble

- Que vois-tu la nuit dans le ciel ? et le jour ?
- Quelle est la forme de la Terre ?
- Que nous apporte le Soleil ?

Les hommes envoient des satellites dans l'espace pour observer la Terre.

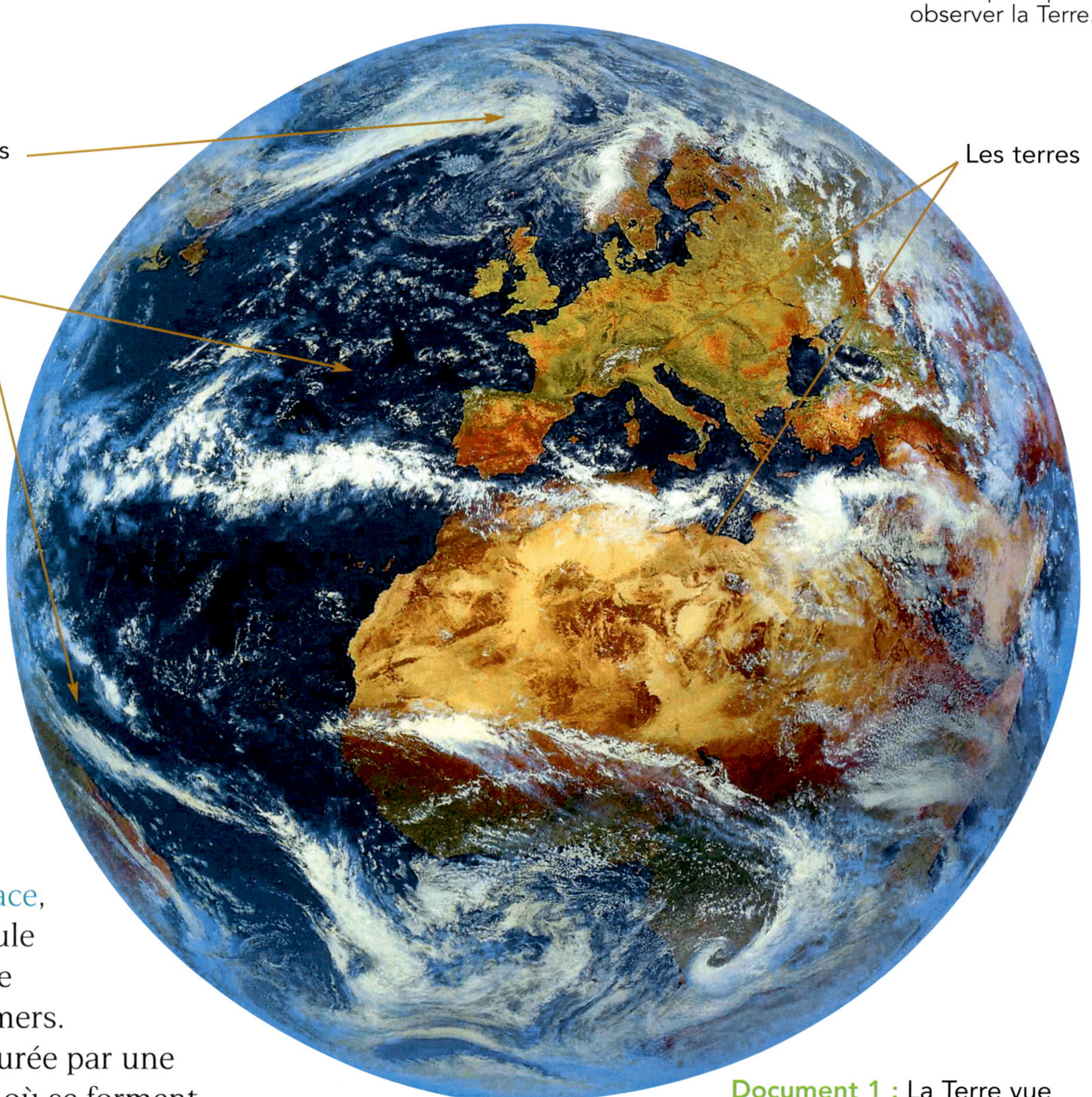

Document 1 : La Terre vue d'un satellite, dans l'espace.

La Terre

La Terre est une planète. Vue de l'espace, c'est une boule recouverte de terres et de mers. Elle est entourée par une couche d'air où se forment les nuages : c'est l'atmosphère.

Objectif : Découvrir la planète Terre dans le système solaire.

la planète Terre ?

▶ La Terre dans l'Univers

La Terre et sept autres planètes tournent autour du Soleil : c'est le système solaire.
Le Soleil est une énorme étoile. Il apporte à la Terre de la lumière et de la chaleur. C'est grâce au Soleil et à la présence d'eau et d'air que la vie est possible sur la Terre.

Document 2 : La Terre dans le système solaire.

Questions

1. Observe la photographie (**Document 1**).
• D'où a-t-elle été prise ?
• Que représentent les zones en marron ? les zones en bleu ? et les zones en blanc ?

2. Regarde le dessin (**Document 2**).
• Où est située la Terre ?
• Combien y a-t-il de planètes dans le système solaire ?

3. Est-ce le Soleil qui tourne autour de la Terre ou l'inverse ?

Atelier

• Autrefois, on a créé les noms des jours (sauf dimanche) à partir des noms suivants : Mercure, Vénus, Lune, Mars, Jupiter, Saturne. Cherche à quel jour correspond chacun de ces noms.

JE RETIENS

• La Terre est une énorme boule.
• C'est une planète qui tourne autour du Soleil. Elle fait partie du système solaire.

8. Comment représenter

Cherchons ensemble

- Que voit-on à la surface de la Terre ?
- Qu'est-ce qu'un globe terrestre ?
- Que peut-on voir sur une carte du monde ?

De l'eau recouvre la plus grande partie de la Terre : on l'appelle la « planète bleue ».

Document 1 :
Un globe terrestre.

Le globe terrestre

Un globe terrestre est une boule qui représente la Terre en miniature. On y voit les océans et les continents. Tu peux repérer facilement les deux pôles : le pôle Sud et le pôle Nord. Pour voir l'ensemble de la Terre, il faut faire tourner le globe.

la Terre ?

Objectifs : Connaître le globe terrestre et le planisphère. Savoir les noms des 6 continents et des 5 océans.

Document 2 : Un planisphère.

▶ Le planisphère

Un planisphère est une carte. Il montre la Terre « à plat ». Il permet de voir d'un seul coup toute la surface de la Terre :

- les 6 continents : l'Amérique, l'Europe, l'Afrique, l'Asie, l'Océanie et l'Antarctique (au pôle Sud) ;
- les 5 océans : l'océan Atlantique, l'océan Pacifique, l'océan Indien, l'océan Glacial Arctique et l'océan Glacial Antarctique.

Questions

1. Observe le globe terrestre (Document 1).
- Où se trouvent les pôles ?
- Que représentent les zones en bleu ?

2. Regarde le planisphère (Document 2).
- Nomme les 6 continents.
- Quel océan sépare l'Amérique de l'Afrique ?

3. Observe les Documents 1 et 2.
- Vois-tu toute la Terre sur le Document 1 ?
- Retrouve sur le planisphère le continent que tu vois sur le globe. Quel est son nom ?

Atelier

- Prends un globe terrestre. Cherche sur quel continent se trouve la France. Choisis ensuite un autre pays sur un autre continent et trouve combien de temps on met pour y aller en avion et en bateau.

JE RETIENS

- Pour représenter la Terre, on utilise un globe ou un planisphère.
- La Terre compte 6 continents et 5 océans.

9. Comment est

Cherchons ensemble

- L'Europe est-elle un continent ou un océan ?
- Sur quel continent la France est-elle située ?
- Quand se sert-on d'une carte de la France ?

Document 1 : La France en Europe, vue d'un satellite.

▶ La France vue de l'espace

Une photographie prise d'un satellite permet de montrer un continent ou un pays en entier.
Tu peux voir que la France est située en Europe. Elle est entourée d'autres pays. Elle a plusieurs côtés bordés par la mer.

la France ?

Objectifs : Apprendre à situer la France et connaître ses principales caractéristiques géographiques.

Document 2 : La carte de la France.

Le portrait de la France

Pour expliquer comment est la France, tu peux dessiner son portrait : c'est une carte. Sur la carte, les couleurs et les textes permettent de montrer et de nommer les montagnes, les plaines, les fleuves et les villes les plus importantes.

Atelier

- Colle une carte de France au milieu d'une grande feuille de papier. Puis trouve des photographies d'endroits connus (Paris, le Mont-Blanc…) et colle-les sur la feuille. Trace un trait entre chaque photographie et l'endroit de la carte qu'elle représente.

Questions

1. Observe le Document 1.
   - D'où a été prise cette photographie ?
   - Que montre-t-elle ?
2. Observe la carte (Document 2).
   - De quelles couleurs les montagnes sont-elles représentées ? Nomme-les.
   - Quel fleuve passe à Lyon ?
   - Au bord de quelle mer la ville de Marseille se trouve-t-elle ?

JE RETIENS

- La France est un pays situé en Europe.
- On y trouve des montagnes, des plaines, des fleuves et des villes.

Zoom sur... DESSINER

Une carte est un dessin qui représente un endroit de la Terre. Elle permet de se repérer dans un pays, dans une ville... Observe ces documents et tu comprendras comment le cartographe fait pour dessiner une carte.

Étape 1 : le cartographe commence par étudier une photographie aérienne de l'endroit qu'il souhaite représenter.

Document 1 : Une photographie aérienne du village de Zellenberg en Alsace.

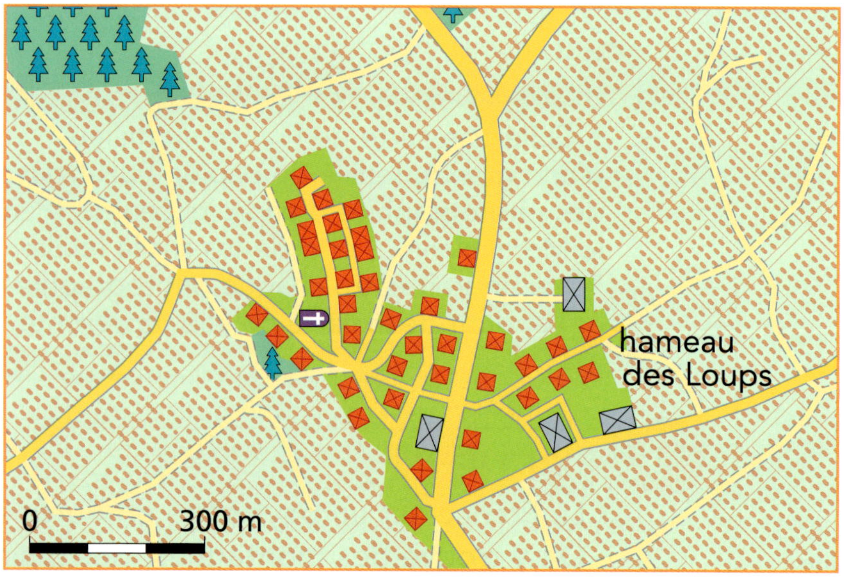

Document 2 : Le village de Zellenberg sur une carte.

Étape 2 : le cartographe dessine les habitations, les routes, les forêts, les champs qu'il voit sur la photographie. Il les représente par des symboles. Puis, il écrit les noms des lieux.

UNE CARTE

Étape 3 : le cartographe ajoute une légende qui explique les symboles.

Document 3 : La carte du village de Zellenberg avec sa légende.

Le cartographe peut choisir de représenter un endroit de façon plus détaillée.

Document 4 : La photographie du village de Zellenberg vu de plus près.

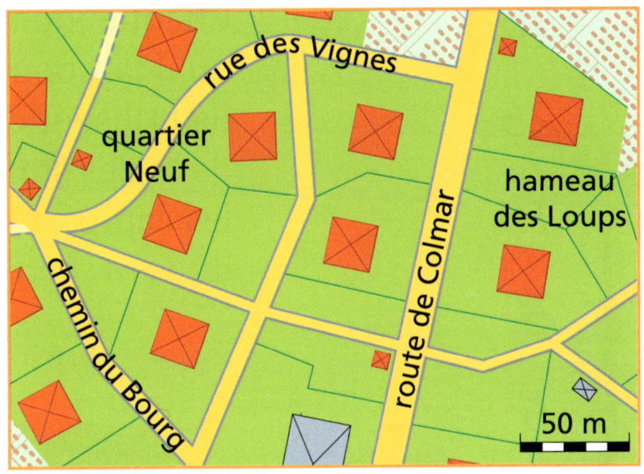

Document 5 : La carte détaillée du village de Zellenberg.

Questions

1. Observe et décris le Document 1.
2. Observe les Documents 1 et 2. Quels éléments de la photographie retrouves-tu sur la carte ?
3. Quels sont les symboles utilisés pour représenter les maisons ? les bois (Document 3) ?
4. Retrouve les routes de la carte (Document 5) sur la photographie (Document 4).

Atelier

• Mettez-vous en équipes de 4 ou 5. Imaginez que vous êtes cartographes et cherchez quels symboles vous utiliseriez pour représenter une route, un château, une gare, une église, un haut sommet, une forêt. Dessinez-les (n'oubliez pas qu'une carte est une vue du dessus). Affichez tous les travaux et discutez des solutions que vous avez trouvées.

10. Comment prévoit-on

Cherchons ensemble

- Quand utilises-tu un parapluie ? un parasol ?
- À quoi sert un thermomètre ?
- Qu'est-ce que la météo ?

Le temps est différent selon l'endroit où tu te trouves et le moment de l'année.

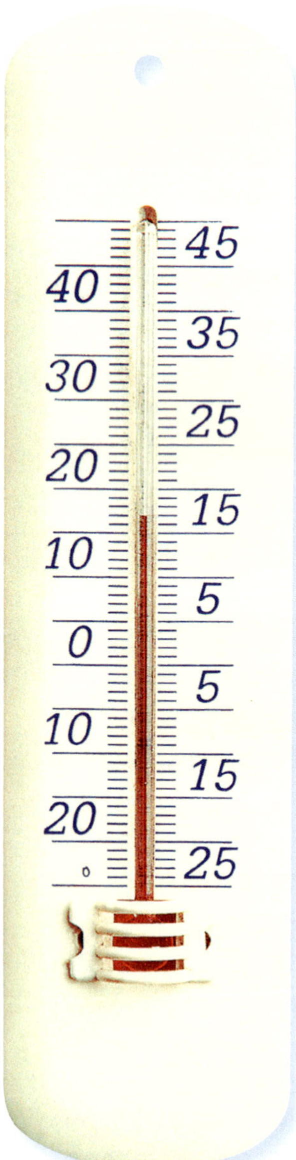

Document 1 : Un thermomètre. Il sert à mesurer la température.

▶ L'observation météorologique

Chaque jour, les météorologues observent le temps qu'il fait pour prévoir le temps du lendemain. Ils utilisent des instruments de mesure placés dans des stations météo en ville et dans les campagnes. Ils notent la température, la vitesse du vent, la quantité d'eau tombée...

Document 2 : Un pluviomètre. Il sert à mesurer la quantité d'eau qui tombe chaque jour.

Document 3 : Une girouette. Elle sert à savoir d'où vient le vent.

Objectif : Comprendre que le temps n'est pas le même partout ni tout au long de l'année.

le temps ?

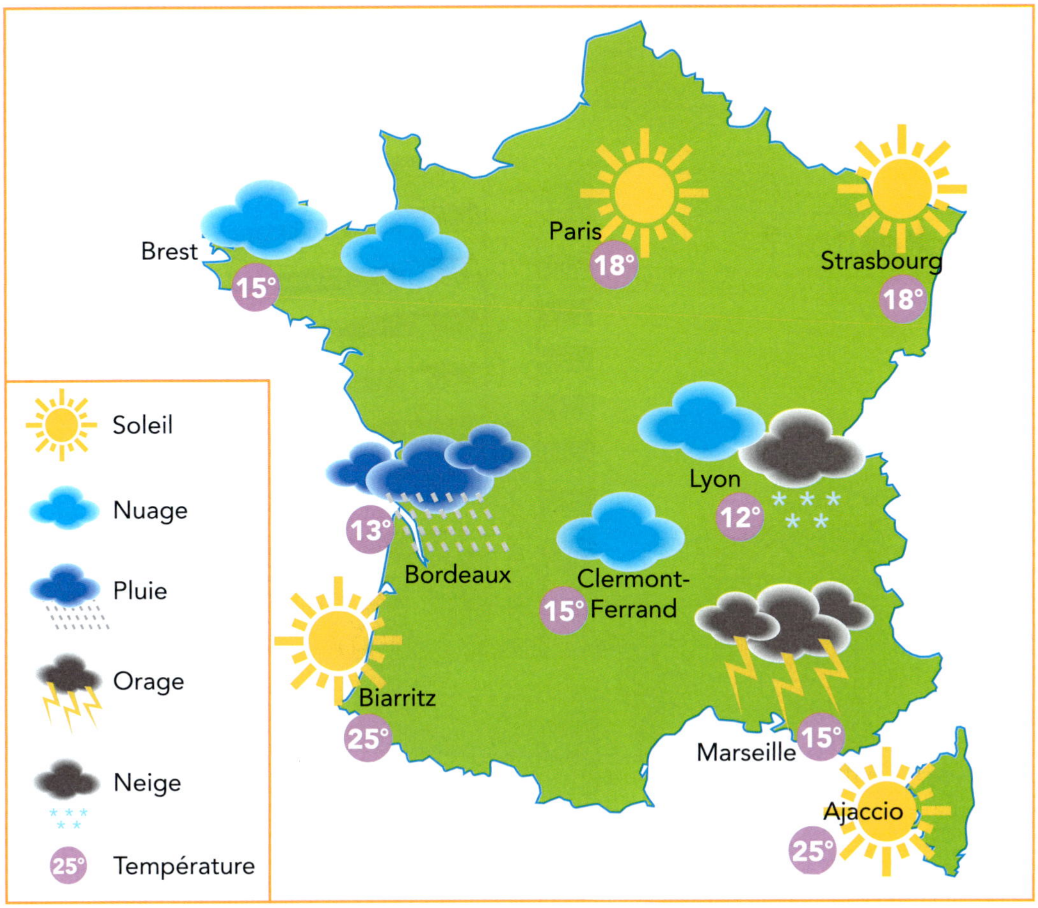

Document 4 : Une carte météo et sa légende.

▶ La carte météo

Grâce aux instruments de mesure, les météorologues savent si le temps va changer. Ils établissent alors une carte de prévision météo pour le lendemain.

Atelier

• Répartissez-vous en équipes de 3 ou 4 et essayez de trouver le plus grand nombre possible de mots en rapport avec la météo (chaud, froid, pluie, averse, orage…). Comparez vos résultats et décrivez de différentes façons le temps qu'il fait aujourd'hui.

Questions

1. Observe ces instruments (Documents 1, 2 et 3)
   - Lequel sert à savoir d'où vient le vent ?
   - Que mesure un thermomètre ?
   - À quoi sert un pluviomètre ?
2. Que fait un météorologue ?
3. Observe la carte météo (Document 4).
   - Dans quelles villes va-t-il y avoir du soleil ?
   - Quel symbole représente la pluie ?
   - Quelle est la température la plus élevée ? la plus basse ?

JE RETIENS

- Les météorologues étudient le temps qu'il fait.
- Grâce à leurs instruments de mesure, ils prévoient le temps qu'il fera demain et l'indiquent sur une carte météo.

11. Pourquoi les maisons

Cherchons ensemble

- En quoi est fabriqué(e) la maison ou l'immeuble où tu habites ?
- Comment sont les toits des maisons autour de chez toi ?
- Quelles différentes sortes d'habitations connais-tu ?

Document 1 : Des immeubles en béton dans une grande ville (France).

Document 2 : Une petite maison en pierre à la campagne (France).

▶ Les maisons en France

Ta maison est différente si tu habites en ville, à la campagne ou à la montagne...
Dans les grandes villes, il y a peu de place et beaucoup de monde : les hommes construisent des immeubles avec de nombreux étages.
À la campagne, ils construisent plutôt des maisons.

Objectif : Apprendre à observer un élément constitutif de l'environnement : l'habitat.

sont-elles différentes ?

Document 3 : Une maison de paille et de terre dans un pays chaud (Afrique).

▶ Les maisons du monde

Selon l'endroit où ils habitent, les hommes ont besoin de s'abriter du soleil, de la pluie ou de la neige.
La forme de chaque maison dépend du climat, de l'environnement et du mode de vie des habitants. Les maisons sont donc très différentes.

Document 5 : Un igloo fabriqué avec des blocs de glace (région du pôle Nord).

Document 4 : Une tente en toile dans un désert (Afrique). Quand ils se déplacent beaucoup, les hommes utilisent des tentes faciles à transporter.

Atelier

• Renseigne-toi et cherche avec quels matériaux sont construits les maisons ou les immeubles à l'endroit où tu habites.

Questions

1. Observe le Document 1. Combien d'étages l'immeuble au premier plan compte-t-il ?
2. En quoi les murs de la maison (Document 2) sont-ils ?
3. Observe les Documents 3, 4 et 5.
   • Quels sont les différents matériaux utilisés pour construire ces habitations ?
   • Décris la forme de chacune d'elles.

JE RETIENS

• Les hommes construisent tous des maisons.
• Les maisons sont très différentes selon l'endroit où ils habitent.

Zoom sur... ÉTUDIER

Les hommes sont installés un peu partout dans le monde, sauf dans les régions trop froides ou trop chaudes. Selon les endroits où ils vivent, ils s'adaptent à leur environnement et leurs modes de vie sont très différents.

Les hommes ne s'installent pas dans les régions peu accueillantes.

Document 1 : L'Antarctique au pôle Sud. Les animaux sont rares et rien ne pousse sur cette terre glacée toute l'année.

Document 2 : Le désert du Ténéré en Afrique. Il y fait très chaud toute l'année et il n'y pleut presque jamais.

Les hommes construisent des villages et des villes.

Document 3 : Un village à la campagne en France (Europe).

Document 4 : La ville de Hong Kong en Chine (Asie).

LA VIE DES HOMMES

Les hommes cultivent des plantes variées.

Document 5 : La culture du riz au Laos (Asie).

Document 6 : La culture du blé au Canada (Amérique).

Les hommes vivent de façons différentes.

Document 7 : Le moment du repas en famille au Mali (Afrique).

Document 8 : Le moment du repas en famille au Royaume-Uni (Europe).

Questions

1. Observe les **Documents 1 et 2**. Pourquoi ne voit-on aucun signe de vie humaine ?
2. Décris les **Documents 3 et 4**. Comment les gens vivent-ils en ville et à la campagne ?
3. Compare les **Documents 5 et 6**. Quelles sont les plantes cultivées ?
4. Décris les familles des **Documents 7 et 8** et compare leurs façons de vivre.

Atelier

• Apporte en classe des revues et des journaux avec des photographies sur la vie des hommes dans le monde. Puis, par groupes, préparez trois panneaux d'affichage :

– Comment les hommes s'habillent-ils ?
– Comment se déplacent-ils ?
– Que mangent-ils ?

SAVOIR... SE REPÉRER

1 Observe la maquette de cet appartement.

- **Combien y a-t-il de pièces ?**
- **Quelles sont les pièces sans fenêtre ?**
- **Quelle pièce s'ouvre sur le balcon ?**

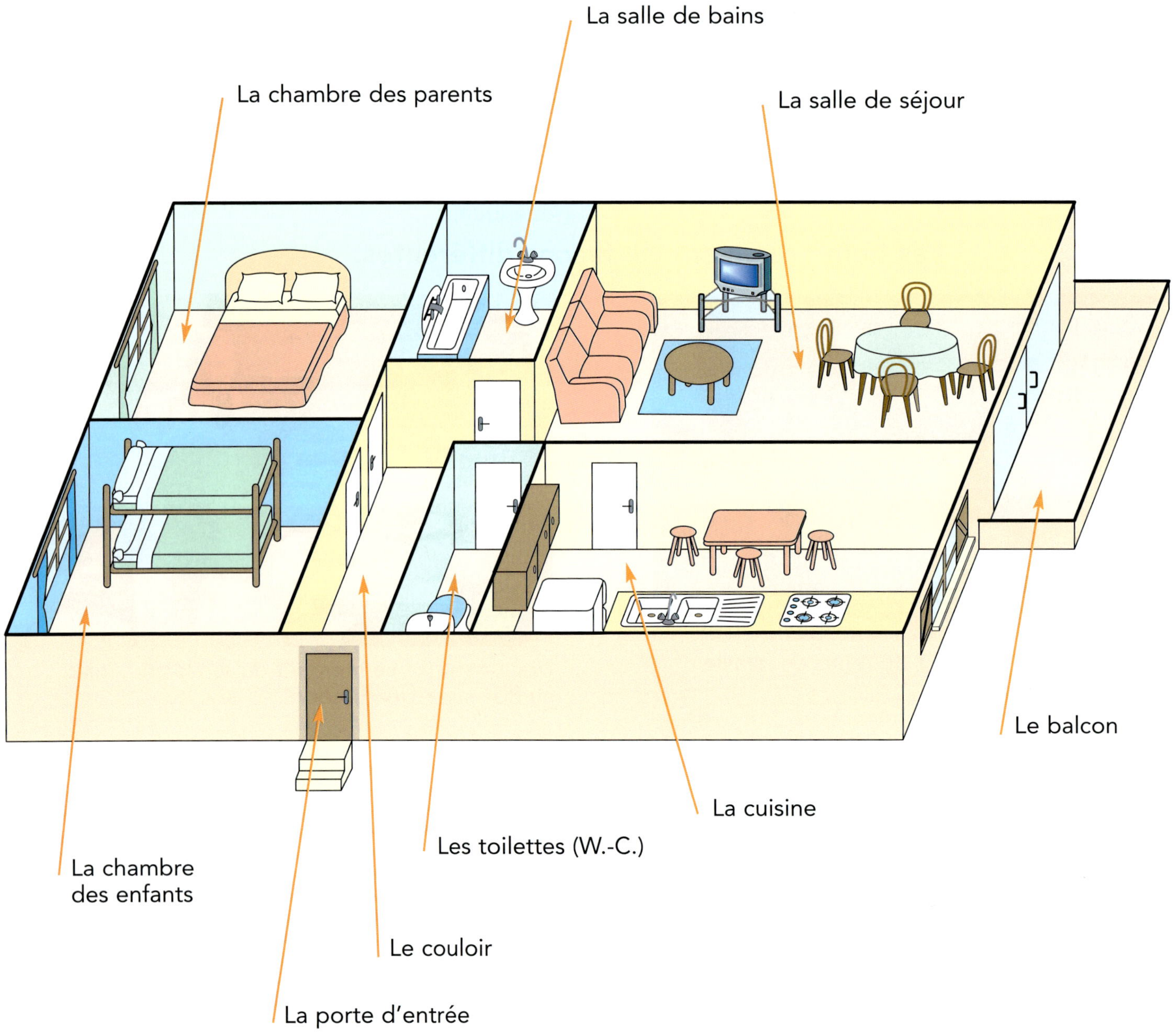

2 **Plusieurs objets de l'appartement ont été dessinés vus du dessus.**

Une baignoire 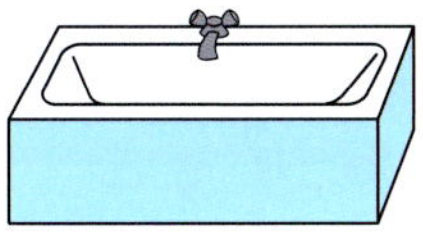 Une baignoire vue du dessus 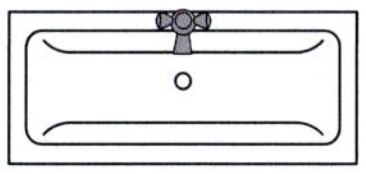

Indique dans quelle pièce se trouve chacun d'eux.

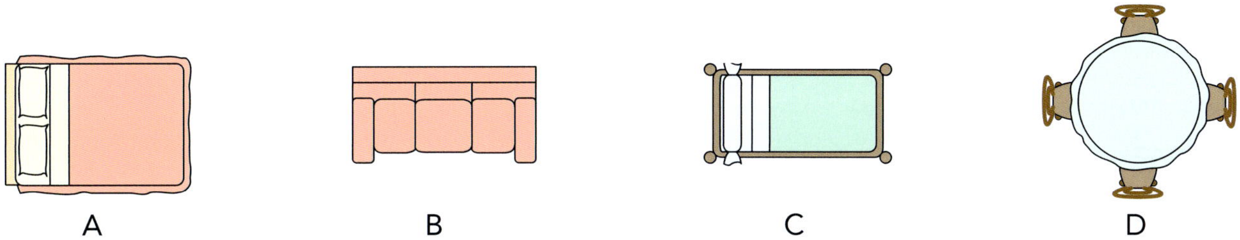

3 **Observe ce plan et retrouve sur la maquette de la page précédente les différentes pièces.**

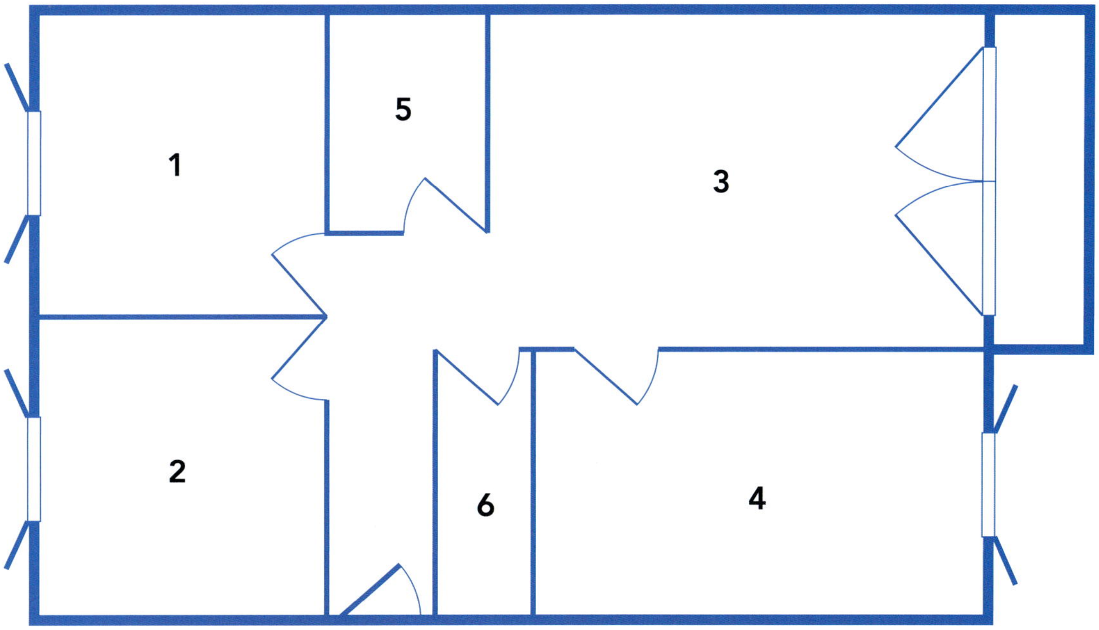

Atelier

- Dessine le plan de ton école ou de la cour de récréation et compare le résultat avec ceux de tes camarades pour afficher celui qui semble le plus réussi.

L'atelier des artistes

L'école

Dans notre ville, il y a
Des tours, des maisons par milliers,
Du béton, des blocs, des quartiers,
Et puis mon cœur, mon cœur qui bat
Tout bas.

Dans mon quartier, il y a
Des boulevards, des avenues,
Des places, des ronds-points, des rues,
Et puis mon cœur, mon cœur qui bat
Tout bas.

Dans notre rue, il y a
Des autos, des gens qui s'affolent,
Un grand magasin, une école,
Et puis mon cœur, mon cœur qui bat
Tout bas.

Dans cette école, il y a
Des oiseaux chantant tout le jour
Dans les marronniers de la cour.
Mon cœur, mon cœur, mon cœur qui bat
Est là.

Jacques Charpentreau,

Document 1 : « La cour de récréation », image (1954).

1. Que représente cette image (**Document 1**) ?

2. À quoi vois-tu qu'il s'agit d'un dessin et non d'une photographie ?

Document 2 : « Coquelicots, environs d'Argenteuil », peinture de Claude Monet (19e siècle).

1. Observe ce tableau **(Document 2)**.
Quelles sont les couleurs qui dominent ?

2. Lis le poème ci-contre. De quel sujet commun parlent le poème et le tableau ?

Le coquelicot

Le champ de blé met sa cocarde
Coquelicot.
Voici l'été, le temps me tarde
De voir l'arc-en-ciel refleurir.
L'orage fuit, il va mourir,
Nous irons te cueillir bientôt,
Coquelicot.

Robert Desnos, *in Chantefables et Chantefleurs*,

Atelier

• Colle une photographie de paysage sur une feuille de papier à dessin.
Imagine, dessine et peins à ta façon les parties de ciel et de paysage tout autour de la photographie.

Le temps

1. Pourquoi fait-

Cherchons ensemble

- Comment sais-tu qu'il fait nuit ?
- Pourquoi passe-t-on sans cesse du jour à la nuit ?
- Regarde par la fenêtre de ta classe. Où le Soleil se trouve-t-il le matin ? le soir ?

Document 1 : La Terre éclairée par le Soleil.

▶ Le jour et la nuit

Il fait jour, puis il fait nuit, parce que la Terre tourne sur elle-même. En une journée (24 heures), elle fait un tour complet.
C'est le jour quand la partie de la Terre où tu te trouves passe devant le Soleil. C'est la nuit lorsque tu es dans la partie qui n'est pas éclairée par le Soleil.

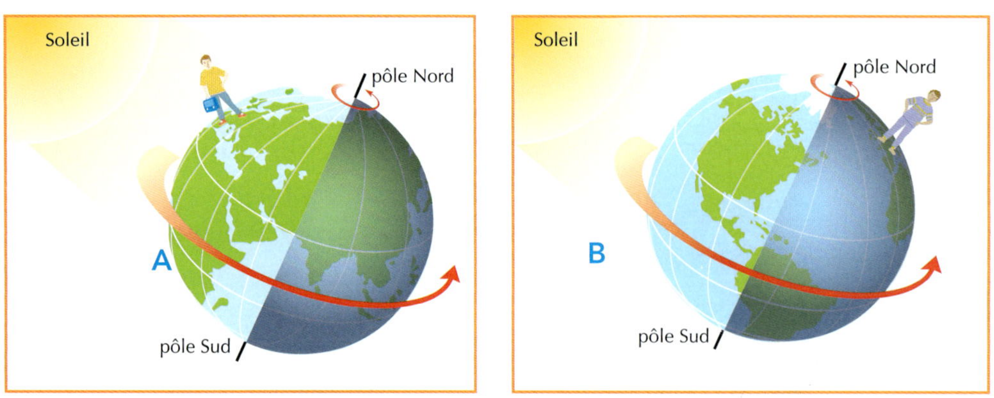

Document 2 : Le jour et la nuit.

il jour ?

Objectif : Prendre conscience de la succession du jour et de la nuit, et du mouvement de la Terre.

La Terre tourne sur elle-même comme une toupie.

▶ La course du Soleil

Dans la journée, le Soleil semble changer de place dans le ciel. Le matin, il apparaît en bas de l'horizon : il se lève. À midi, il est très haut dans le ciel. Le soir, il descend vers l'horizon, puis il disparaît : il se couche.
En réalité, ce n'est pas le Soleil qui bouge : c'est la Terre qui tourne sur elle-même.

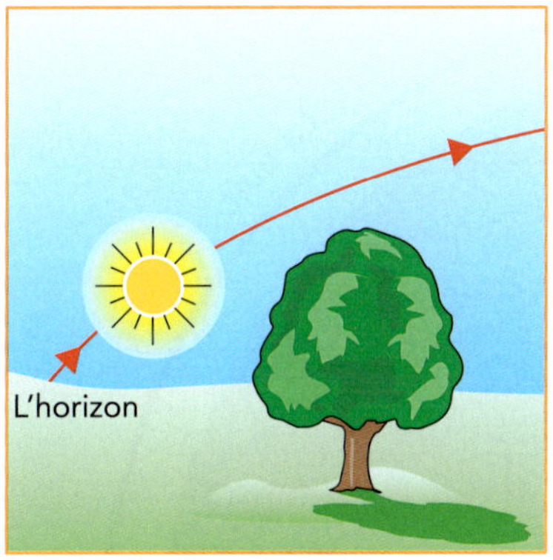

Document 3 : C'est le matin. Le Soleil se lève.

Document 4 : C'est le midi. Le Soleil est au plus haut dans le ciel.

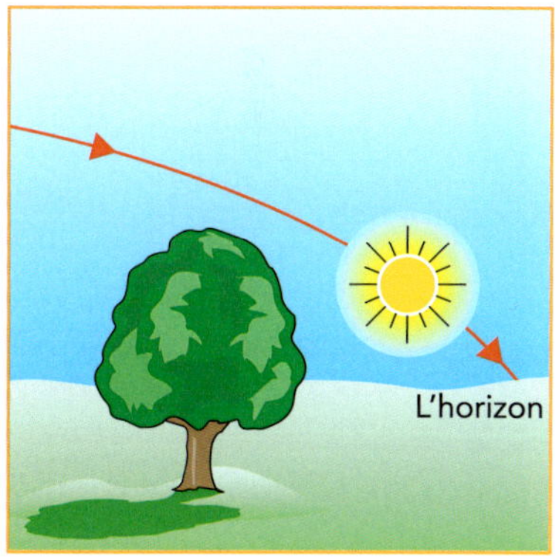

Document 5 : C'est le soir. Le Soleil se couche.

Questions

1. Observe la Terre (**Document 1**).
   - Quelle partie est dans le jour ?
   - Quelle partie est dans la nuit ?
2. Explique le **Document 2**. Sur quel dessin le petit garçon est-il dans la nuit ?
3. Observe les **Documents 3, 4 et 5**. À quel moment de la journée le Soleil est-il au plus haut dans le ciel ?
4. Où se trouve le Soleil par rapport à l'arbre :
   - quand il se lève (**Document 3**) ?
   - quand il se couche (**Document 5**) ?

Atelier

- Repère où se trouve le Soleil le matin quand tu arrives dans la cour de récréation, puis à d'autres moments de la journée lorsque tu passes au même endroit. Représente sur un dessin les positions que tu as observées.

JE RETIENS

- En une journée (24 heures), la Terre fait un tour sur elle-même. Tantôt c'est le jour, tantôt c'est la nuit.
- Au cours de la journée, le Soleil semble se déplacer dans le ciel. En réalité, c'est la Terre qui tourne sur elle-même.

2. Que fais-tu dans

Cherchons ensemble

- À quel moment de la journée te lèves-tu ?
- À quel moment de la journée déjeunes-tu ?
- À quel moment de la journée vas-tu te coucher ?

C'est le début de la journée.
Il va falloir se lever…

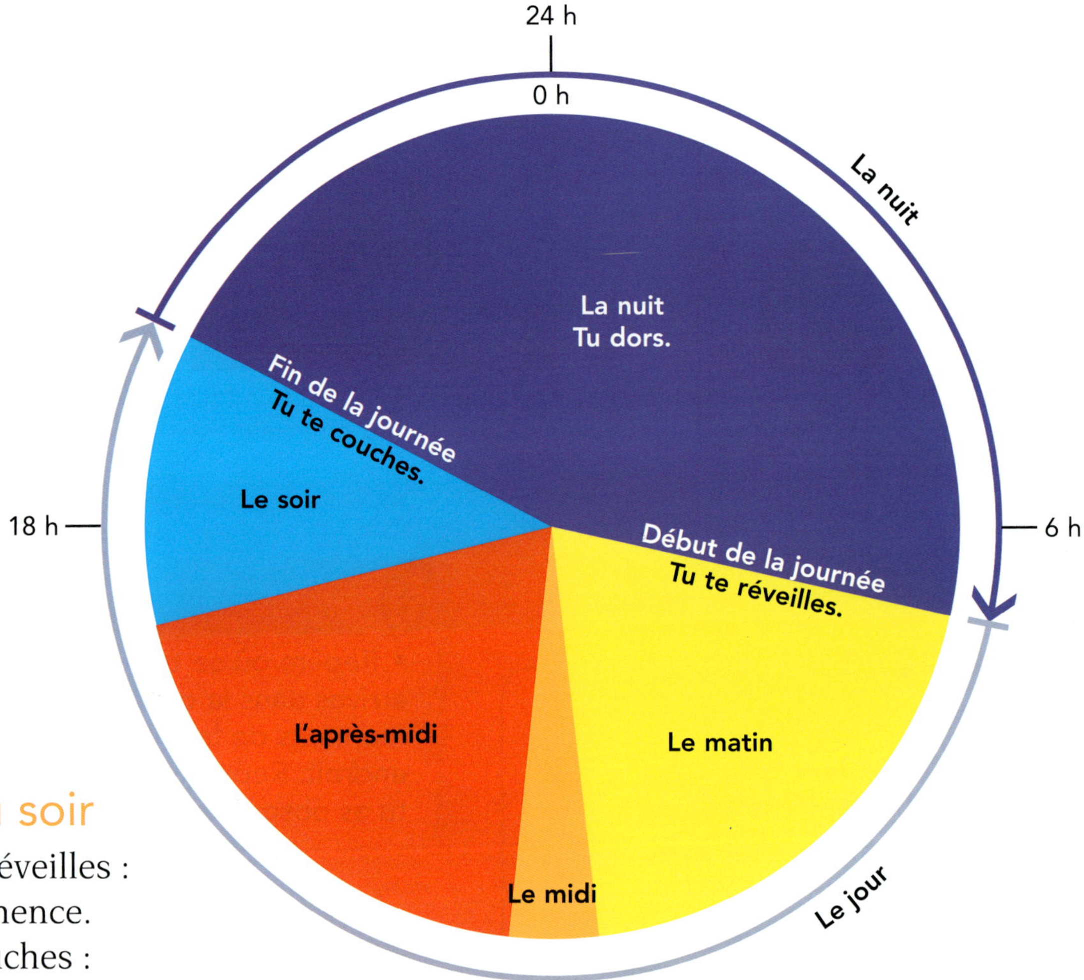

Document 1 :
Une journée.

▶ Du matin au soir

Le matin, tu te réveilles :
ta journée commence.
Le soir, tu te couches :
ta journée se termine.
Une journée se déroule toujours
dans le même ordre : le matin, le midi,
l'après-midi, le soir. Puis c'est la nuit.

une journée ?

Objectifs : Repérer l'ordre chronologique des différents moments d'une journée et savoir situer des événements les uns par rapport aux autres.

▶ Ta journée à l'école

Entre le matin et le soir, tu fais beaucoup de choses : tu te réveilles, tu te laves, tu manges, tu vas à l'école, tu travailles, tu joues… Pour raconter dans l'ordre tout ce que tu fais dans une journée, tu peux tracer une ligne du temps.

Document 2 : Une journée d'un enfant sur la ligne du temps.

Questions

1. Observe les différents moments d'une journée (Document 1).
• Quel est celui qui vient après le matin ?
• Suis le déroulement de la journée avec le doigt. Que représentent les couleurs ?

2. Combien y a-t-il d'activités représentées sur cette ligne du temps (Document 2) ?
• Quelle est la première activité ?
• Quelle est la dernière ?
• Que se passe-t-il avant la cantine ?

3. Situe le moment de la gymnastique (Document 2) sur le Document 1.

Atelier

• Choisissez chacun un moment de la journée en classe et dessinez-le. Puis, tous ensemble, rangez vos dessins dans l'ordre de la journée et collez-les sur le mur de la classe comme sur une ligne du temps.

JE RETIENS

• Les moments de la journée se suivent toujours dans le même ordre : le matin, le midi, l'après-midi et le soir.
• Pour représenter des moments qui se suivent, on trace une ligne du temps.

3. Comment mesurer

Cherchons ensemble

- Comment sais-tu quelle heure il est ?
- À quoi sert un réveil ? un chronomètre ?
- Combien y a-t-il de minutes dans 1 heure ?

Document 4 :
Une pendule ancienne.

Document 3 :
Un réveil.

Document 1 :
Une montre à aiguilles.

Document 2 :
Une montre numérique.

▶ Connaître l'heure

Pour savoir l'heure, tu peux utiliser différents instruments : une montre, un réveil, une horloge ou une pendule.
Leur cadran indique les heures et les minutes, et parfois les secondes.

Objectif : Connaître les instruments qui indiquent l'heure et ceux qui mesurent une durée.

le temps ?

▶ Mesurer une durée

Il faut 3 minutes pour cuire un œuf à la coque ou quelques secondes pour parcourir 20 mètres. Tu peux mesurer ces courtes durées avec un sablier, un minuteur ou un chronomètre.
Dans 1 heure, il y a 60 minutes.
Dans 1 minute, il y a 60 secondes.

Document 7 : Un chronomètre.

Document 6 : Un sablier.

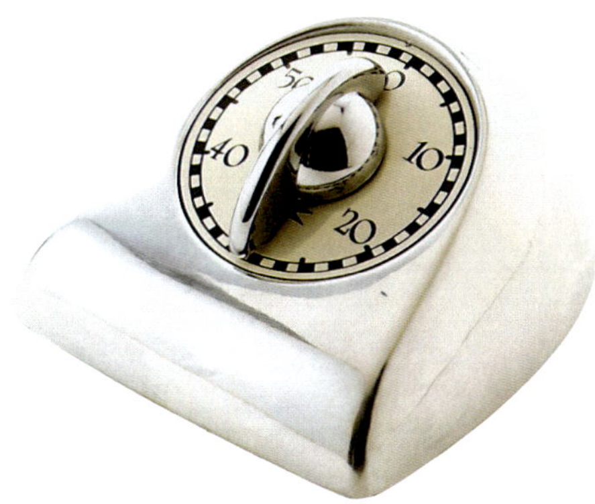

Document 5 : Un minuteur.

Atelier

• Regarde cette drôle d'horloge. Dessines-en une et remplace les carottes, les courgettes et les tomates par les nombres qui manquent. Décore-la avec un motif de ton choix (fleur, fruit…).

Questions

1. Nomme les différents instruments (Documents 1, 2, 3 et 4). Que montrent-ils ?

2. Décris le réveil (Document 3).
• Sur quel chiffre est arrêtée la petite aiguille ? la grande aiguille ?
• Quelle heure indique donc le réveil ?

3. À quoi servent ces instruments (Documents 5, 6 et 7) ?
• Explique comment on les utilise.
• Lequel de ces instruments te paraît le plus précis ? Pourquoi ?

JE RETIENS

• Pour se repérer avec précision dans la journée, on regarde quelle heure il est.
• Pour savoir combien de temps dure une activité, on compte les heures, les minutes et les secondes.

Zoom sur...

Quelle heure est-il ? Es-tu en retard ? Es-tu en avance ? Difficile de savoir si tu ne sais pas lire l'heure !

Avant de commencer, regarde ces dessins.

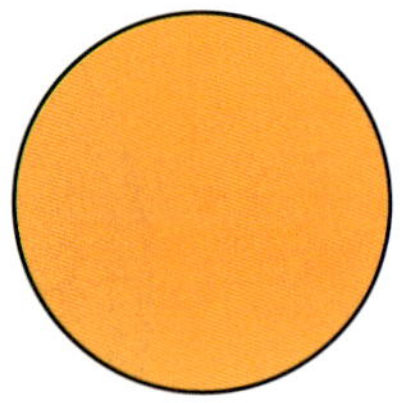

Document 1 : 1 heure, c'est 60 minutes.

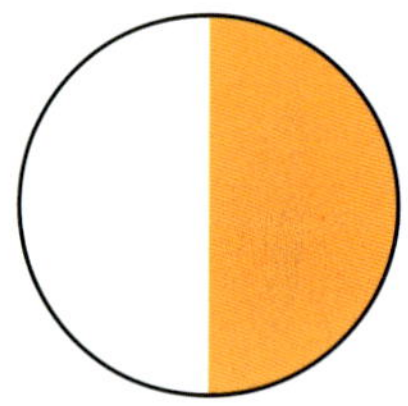

Document 2 : 1 demi-heure, c'est 30 minutes.

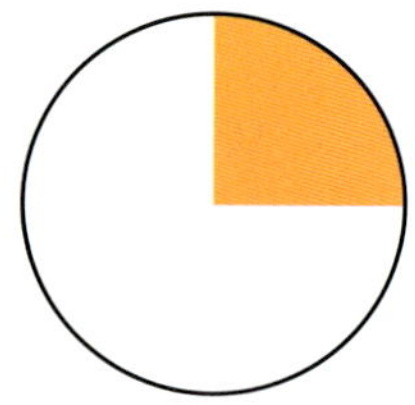

Document 3 : 1 quart d'heure, c'est 15 minutes.

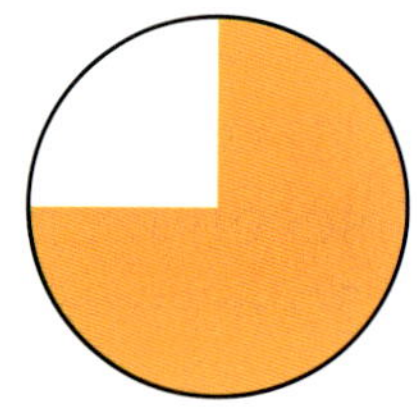

Document 4 : 3 quarts d'heure, c'est 45 minutes.

Maintenant, observe bien cette pendule.

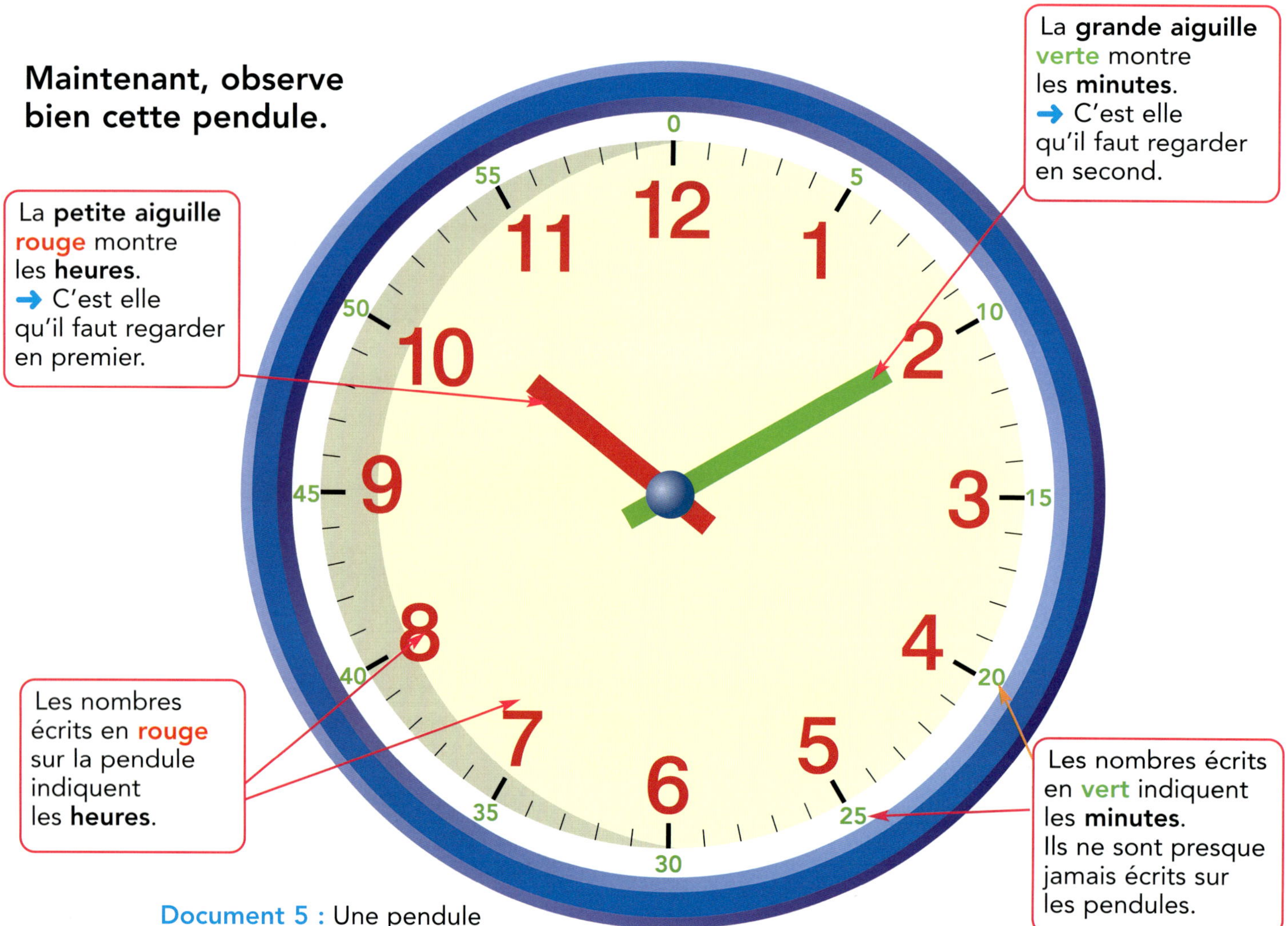

Document 5 : Une pendule qui indique 10 heures 10 minutes.

L'HEURE

Puis, entraîne-toi à lire l'heure.

A : 11 heures.

B : midi.

C : 3 heures.

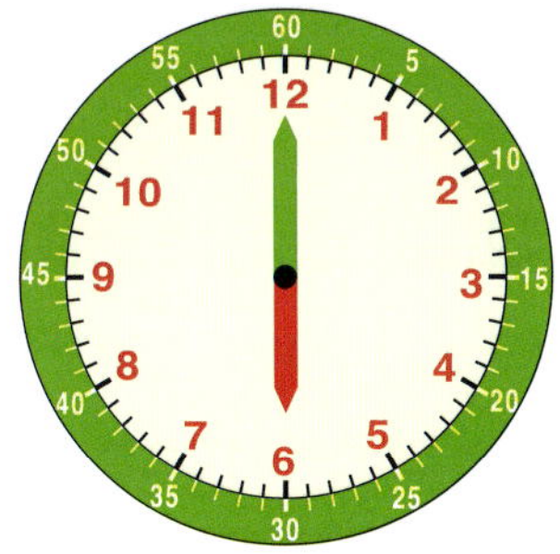

D : 6 heures.

E : 8 heures.

F : 8 h 05.

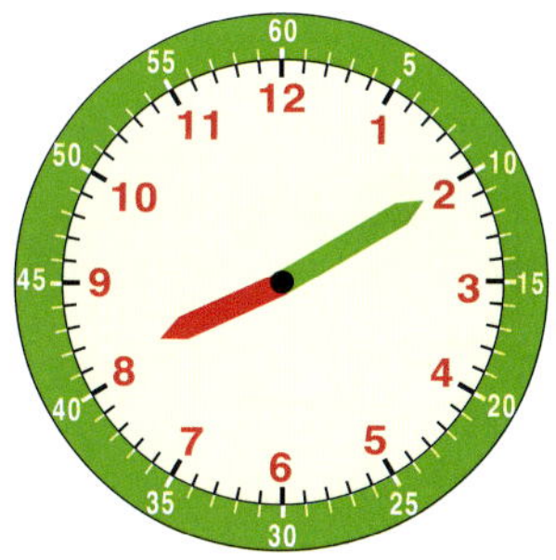

G : 8 h 10.

H : 8 h 15
8 heures et quart.

I : 8 h 30
8 heures et demie.

J : 8 h 35
9 heures moins 25.

K : 8 h 45
9 heures moins le quart.

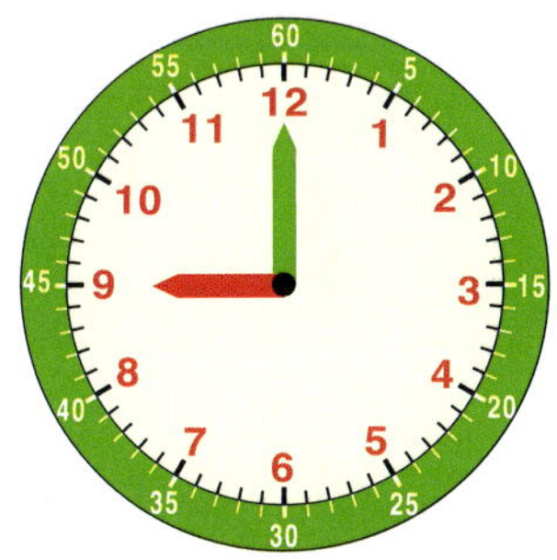

L : 9 heures.

Questions

1. Observe ces dessins (Documents 1, 2, 3 et 4).
- Lequel représente une demi-heure ?
- Combien y a-t-il de minutes dans une demi-heure ?

2. Sur cette pendule (Document 5), à quoi sert l'aiguille rouge ? Est-ce la petite ou la grande aiguille ?
- Quel nombre montre la petite aiguille ? la grande aiguille ?
- Quelle heure est-il donc ?

3. Quelle heure est-il sur la pendule B ? Où sont les aiguilles ?

Atelier

- Construis une horloge à ta façon avec du carton et une attache parisienne pour fixer les aiguilles. Entraîne-toi à afficher les heures que le maître indique.

LE TEMPS

4. Qu'est-ce qu'une

Cherchons ensemble

- Quel est le premier jour de la semaine ?
- Quel jour suit le jeudi ?
- Le dimanche, fais-tu la même chose que les autres jours de la semaine ?

Lundi, c'est jour d'école.

Document 1 : Les jours de la semaine.

La semaine

Une semaine dure sept jours.
Elle commence le lundi et se termine le dimanche. Le samedi et le dimanche sont les deux derniers jours : c'est le week-end.

Dimanche, c'est jour de repos…

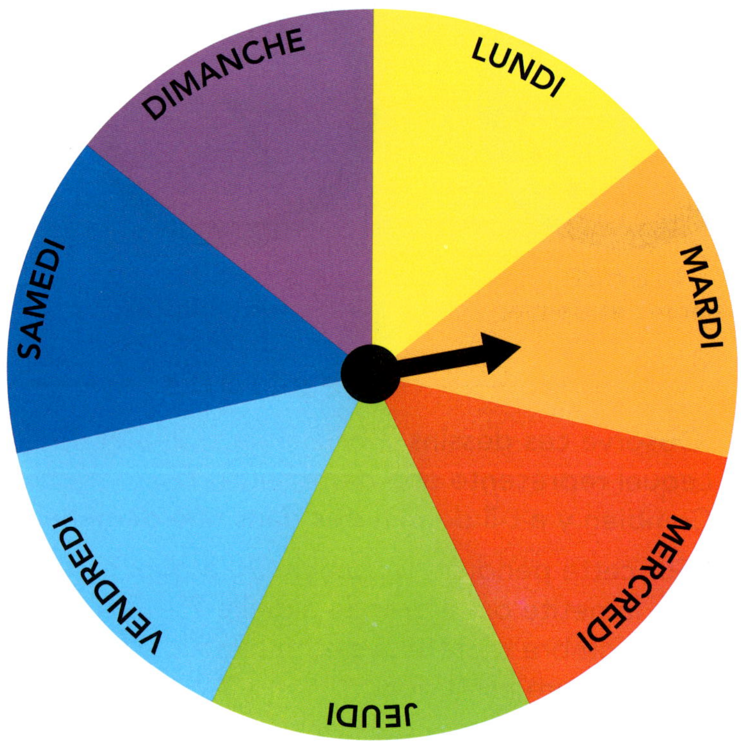

Document 2 : Un semainier.

Objectifs : Savoir nommer dans l'ordre les jours de la semaine et situer des événements de la semaine les uns par rapport aux autres.

semaine ?

▶ Un emploi du temps

Tu ne fais pas la même chose tous les jours.
Mais tes activités se répètent chaque semaine.
Tu peux écrire dans un tableau ce que tu fais chaque lundi, chaque mardi... C'est ton emploi du temps.

Aujourd'hui, c'est jeudi, jour de la piscine.

	LUNDI	MARDI	MERCREDI	JEUDI	VENDREDI	SAMEDI	DIMANCHE
Matin	École	École Bibliothèque	Football	École	École	Maison	Maison
Midi	Maison	Cantine	Maison	Maison	Cantine	Maison	Maison
Après-midi	École	École	Chez Mamie	École Piscine	École	Maison	Promenade

Document 3 : L'emploi du temps d'un écolier.

Questions

1. Observe le **Document 1.**
- Que fait l'enfant le lundi ? le mercredi ?
- Le mercredi est-il un jour placé avant ou après le samedi ?
- Combien y a-t-il de jours dans la semaine ?

2. Dans quel sens faut-il faire tourner la flèche pour indiquer la suite des jours (**Document 2**) ?

3. Observe les **Documents 1 et 2**. Quel jour vient après le dimanche ?

4. Regarde l'emploi du temps (**Document 3**).
- Combien de jours cet enfant va-t-il à l'école ?
- Quels jours mange-t-il à la cantine ?
- Quels jours fait-il du sport ?

Atelier

- Construis ton semainier sur le modèle de celui de la page 54. Découpe un disque de carton. Divise-le et colorie-le en 7 parties. Écris le nom des jours dans le bon ordre. Découpe une flèche et fixe-la au centre du disque avec une attache parisienne.

JE RETIENS

- Une semaine compte sept jours : lundi, mardi, mercredi, jeudi, vendredi, samedi et dimanche.
- Un emploi du temps montre les activités qui se répètent chaque semaine.

5. Qu'est-ce qu'une

LE TEMPS

Cherchons ensemble

- En quelle année sommes-nous ?
- Quelle est la date d'aujourd'hui ?
- Quel mois es-tu né(e) ?
- Quels sont les noms des quatre saisons ?

▸ L'année

La Terre tourne autour du Soleil.
Elle met une année pour faire un tour complet.
Une année, c'est 12 mois ou 365 jours.

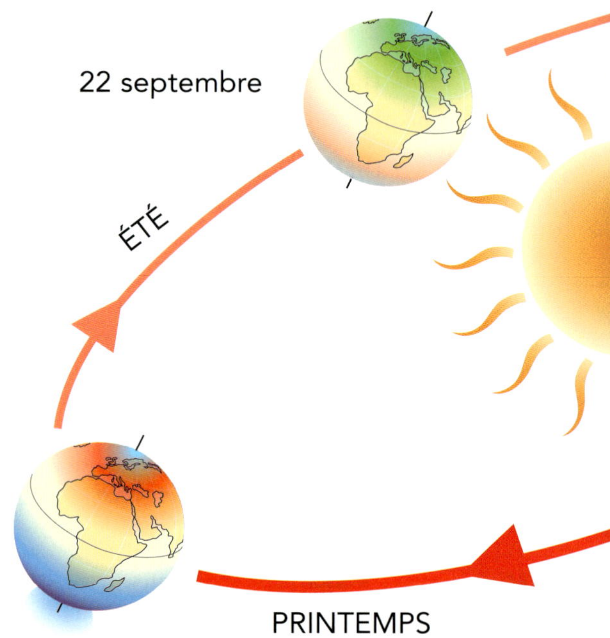

Document 1 : Le cycle des saisons.

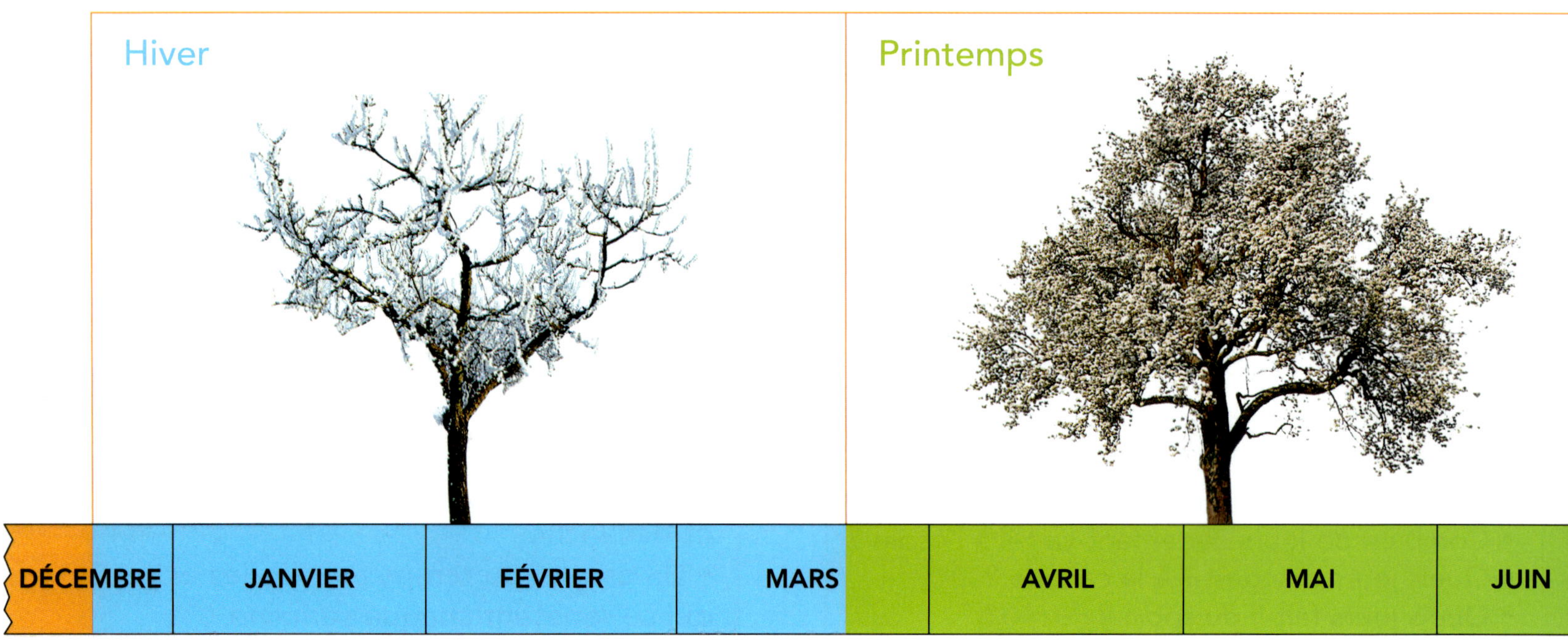

Document 2 : Les 12 mois de l'année et les 4 saisons.

Objectif : Connaître les noms et l'ordre des mois et des saisons dans l'année.

année ?

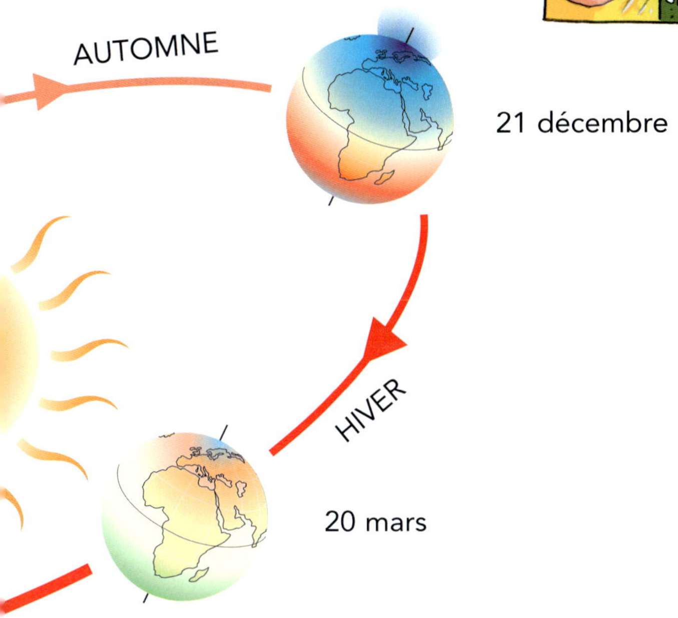

Les quatre saisons

Selon les moments de l'année, la région de la Terre où tu vis se trouve plus près ou plus loin du Soleil : cela provoque les saisons. Dans l'année, il y a 4 saisons : l'hiver, le printemps, l'été et l'automne.

Questions

1. En combien de temps la Terre fait-elle un tour complet autour du Soleil (Document 1) ?
2. Observe les Documents 1 et 2.
   - Quelles sont les quatre saisons ?
   - Quand commence le printemps ?
3. Combien y a-t-il de mois dans une année (Document 2) ? Cite-les.

Atelier

- Seul, ou en équipe, fais la liste de tout ce qui te semble changer autour de toi selon les saisons. Pense à la météo, aux plantes, aux gens... Compare ta liste avec celle des autres et complète-la.

JE RETIENS

- Une année, c'est 12 mois ou 365 jours.
- Dans l'année, il y a 4 saisons : l'hiver, le printemps, l'été et l'automne.

6. Qu'est-ce qu'un

Cherchons ensemble

- Que fête-t-on le jour de ton anniversaire ?
- Combien de fois fêtes-tu ton anniversaire dans l'année ?
- Que fête-t-on le 11 novembre ?

Le jour de son anniversaire, il est fréquent de recevoir des cadeaux.

Document 1 : Chloé le jour de sa naissance.

▶ Une fête

Chaque année, il y a un jour où c'est ton anniversaire. Avec ta famille et tes amis, tu célèbres le souvenir du jour de ta naissance. C'est un jour de fête.

Document 2 : L'anniversaire de Chloé. Aujourd'hui, elle a 13 ans.

Objectifs : Repérer et situer des événements dans le temps (passé, présent).

anniversaire ?

Document 3 : 11 novembre 1918, signature des chefs des armées qui met fin à la Première Guerre mondiale.

Document 4 : Une cérémonie pour célébrer le 11 novembre.

▶ Une commémoration

Dans l'année, il y a des jours où tout le pays célèbre un événement important de notre histoire. À cette occasion, des cérémonies sont organisées pour se souvenir. Par exemple, chaque 11 novembre, les Français fêtent la fin de la Première Guerre mondiale.

Atelier

• Sur une grande affiche, trace avec un camarade un tableau de douze colonnes pour les douze mois de l'année.
Ensuite, propose à chacun de noter son jour de naissance et son prénom dans la colonne de son mois de naissance. Toute la classe connaîtra ainsi les anniversaires de tous les élèves.

Questions

1. Quel âge a Chloé sur le **Document 1** ? sur le **Document 2** ?
2. Que fête Chloé avec ses amis (**Document 2**) ?
3. Quel événement célèbre-t-on le 11 novembre (**Documents 3 et 4**) ?

JE RETIENS

• Un anniversaire est un jour où on se souvient d'un événement important.
• On le célèbre par une fête ou une cérémonie.

Zoom sur... LIRE UN

Tu as besoin d'un calendrier pour savoir :
– si ton anniversaire est un mardi, un jeudi ou un autre jour ;
– quand commencent les prochaines vacances ;
– qui on fête aujourd'hui...

Un calendrier est un tableau avec les mois, les semaines et les jours de l'année. On change de calendrier chaque année car le 1er janvier ne tombe pas toujours le même jour de la semaine !

L'année commence le 1er janvier.

La galette des Rois que tu manges le jour de l'Épiphanie.

L'année — Les mois — Les jours — Les dates

2010

JANVIER

Date	Jour	Fête	Semaine
1	V	JOUR de l'AN	
2	S	S. Basile	
3	D	S^e Geneviève	
4	L	S. Odilon	1
5	M	S. Édouard	
6	M	Épiphanie	
7	J	S. Raymond	
8	V	S. Lucien	
9	S	S^e Alix	
10	D	S. Guillaume	
11	L	S. Paulin	2
12	M	S^e Tatiana	
13	M	S^e Yvette	
14	J	S^e Nina	
15	V	S. Rémi	
16	S	S. Marcel	
17	D	S^e Roseline	
18	L	S^e Prisca	3
19	M	S. Marius	
20	M	S. Sébastien	
21	J	S^e Agnès	
22	V	S. Vincent	
23	S	S. Barnard	
24	D	S. Fr. de Sales	
25	L	Conv.St Paul	4
26	M	S^e Paule	
27	M	S^e Angèle	
28	J	S. Thomas d'Aquin	
29	V	S. Gildas	
30	S	S^e Martine	
31	D	S^e Marcelle	

FÉVRIER

Date	Jour	Fête	Semaine
1	L	S^e Ella	5
2	M	Présentation	
3	M	S. Blaise	
4	J	S^e Véronique	
5	V	S^e Agathe	
6	S	S. Gaston	
7	D	S^e Eugénie	
8	L	S^e Jacqueline	6
9	M	S^e Appoline	
10	M	S. Arnaud	
11	J	N.-D. Lourdes	
12	V	S. Félix	
13	S	S^e Béatrice	
14	D	S. Valentin	
15	L	S. Claude	7
16	M	S^e Julienne	
17	M	S. Alexis	
18	J	S^e Bernadette	
19	V	S. Gabin	
20	S	S^e Aimée	
21	D	S. P. Damien	
22	L	S^e Isabelle	8
23	M	**Mardi-Gras**	
24	M	**Cendres**	
25	J	S. Roméo	
26	V	S. Nestor	
27	S	S^e Honorine	
28	D	S. Romain	

MARS

Date	Jour	Fête	Semaine
1	L	S. Aubin	9
2	M	S. Charles le Bon	
3	M	S. Guénolé	
4	J	S. Casimir	
5	V	S. Olive	
6	S	S^e Colette	
7	D	S^e Félicité	
8	L	S. J. de Dieu	10
9	M	S^e Françoise	
10	M	S. Vivien	
11	J	S^e Rosine	
12	V	S^e Justine	
13	S	S. Rodrigue	
14	D	S^e Mathilde	
15	L	S^e Louise	11
16	M	S^e Bénédicte	
17	M	S. Patrice	
18	J	S. Cyrille	
19	V	S. Joseph	
20	S	PRINTEMPS	
21	D	S^e Clémence	
22	L	S^e Léa	12
23	M	S. Victorien	
24	M	S^e Cath. de Suède	
25	J	S. Humbert	
26	V	S^e Larissa	
27	S	S. Habib	
28	D	PRINTEMPS/**Rameaux**	
29	L	S^e Gwladys	13
30	M	S. Amédée	
31	M	S. Benjamin	

AVRIL

Date	Jour	Fête	Semaine
1	J	S. Hugues	13
2	V	S^e Sandrine	
3	S	S. Richar	
4	D	PÂQUES	
5	L	L. de Pâques	14
6	M	S. Marcelin	
7	M	S. J.-B. de la S.	
8	J	S^e Julie	
9	V	S. Gautier	
10	S	S. Fulbert	
1D		S. Stanislas	
12	L	S. Jules	15
13	M	S^e Ida	
14	M	S. Maxine	
15	J	S. Paterne	
16	V	S. Benoît-J	
17	S	S. Anicet	
18	D	S. Parfait	
19	L	S^e Emma	16
20	M	S^e Odette	
21	M	S. Anselme	
22	J	S. Alexandre	
23	V	S. Georges	
24	S	S^e Fidèle	
25	D	S. Marc	
26	L	S^e Alida	17
27	M	S^e Zita	
28	M	**Jour du Souv.**	
29	J	S^e Cath. de Sien.	
30	V	S. Robert	

MAI

Date	Jour	Fête	Semaine
1	S	F. du TRAVAIL	
2	D	S. Boris	
3	L	SS Phili. Jacq.	18
4	M	S. Sylvain	
5	M	S^e Judith	
6	J	S^e Prudence	
7	V	S^e Gisèle	
8	S	VICTOIRE 45	
9	D	S. Pacôme	
10	L	S^e Solange	19
11	M	S^e Estelle	
12	M	S^e Jean.-d'Arc	
13	J	ASCENSION	
14	V	S. Matthias	
15	S	S^e Denise	
16	D	S. Honoré	
17	L	S. Pascal	20
18	M	S. Éric	
19	M	S. Yves	
20	J	S. Bernadin	
21	V	S. Constantin	
22	S	S. Émile/**Trinité**	
23	D	PENTECÔTE	
24	L	S. Donatien	21
25	M	S^e Sophie	
26	M	S. Bérenger	
27	J	S. Augustin	
28	V	S. Germain	
29	S	S. Aymar	
30	D	F. des Mères/F. Dieu	
31	L	S. Visitation	

JUIN

Date	Jour	Fête	Semaine
1	M	S. Justin	22
2	M	S^e Blandine	
3	J	S. Kévin	
4	V	S^e Clotilde	
5	S	S. Igor	
6	D	S. Norbert	
7	L	S. Gilbert	23
8	M	S. Médard	
9	M	S^e Diane	
10	J	S. Landry	
11	V	S. Barnabé	
12	S	S. Guy	
13	D	S. Antoine. de P.	
14	L	S. Élisée	24
15	M	S^e Germaine	
16	M	S. J.-F. Régis	
17	J	S. Hervé	
18	V	S. Léonce	
19	S	S. Romuald	
20	D	Fête des Pères	
21	L	ÉTÉ	25
22	M	S. Alban	
23	M	S^e Audrey	
24	J	S. Jean-Baptiste	
25	V	S. Prosper	
26	S	S. Anthelme	
27	D	S. Fernand	
28	L	S. Irénée	26
29	M	SS Pierre, Paul	
30	M	S. Martial	

La semaine

Ce qui est fêté.

Le début d'une saison.

Document 1 : Les six premiers mois de l'année 2010.

CALENDRIER

Un feu d'artifice à Paris pour célébrer la fête nationale, le 14 Juillet.

Chaque jour, il peut y avoir un événement à fêter !

2010

JUILLET			
1	J	S. Thierry	
2	V	S. Martinien	
3	S	S. Thomas	
4	D	S. Florent	
5	L	S. Antoine	27
6	M	S^e^ Mariette	
7	M	S. Raoul	
8	J	S. Thibaut	
9	V	S^e^ Amandine	
10	S	S. Ulrich	
11	D	S. Benoît	
12	L	S. Olivier	28
13	M	SS. Henri, Joël	
14	M	FÊTE NATION.	
15	J	S. Donald	
16	V	N.-D. Mt-Carmel	
17	S	S^e^ Charlotte	
18	D	S. Frédéric	
19	L	S. Arsène	29
20	M	S^e^ Marina	
21	M	S. Victor	
22	J	S^e^ Marie-Mad.	
23	V	S^e^ Brigitte	
24	S	S^e^ Christine	
25	D	S. Jacques	
26	L	SS. Anne, Joach.	
27	M	S^e^ Nathalie	30
28	M	S. Samson	
29	J	S^e^ Marthe	
30	V	S^e^ Juliette	
31	S	S. Ignace de L.	

AOÛT			
1	D	S. Alphonse	
2	L	S. Julien-Eym.	
3	M	S^e^ Lydie	31
4	M	S. J.-M. Vianney	
5	J	S. Abel	
6	V	Transfiguration	
7	S	S. Gaétan	
8	D	S. Dominique	
9	L	S. Amour	32
10	M	S. Laurent	
11	M	S^e^ Claire	
12	J	S^e^ Clarisse	
13	V	S. Hippolyte	
14	S	S. Évrard	
15	D	ASSOMPTION	
16	L	S. Armel	33
17	M	S. Hyacinthe	
18	M	S^e^ Hélène	
19	J	S. Jean-Eudes	
20	V	S. Bernard	
21	S	S. Christophe	
22	D	S. Fabrice	
23	L	S^e^ Rose de L.	34
24	M	S. Barthélemy	
25	M	S. Louis	
26	J	S^e^ Natacha	
27	V	S^e^ Monique	
28	S	S. Augustin	
29	D	S^e^ Sabine	
30	L	S. Fiacre	
31	M	S. Aristide	

SEPTEMBRE			
1	M	S. Gilles	35
2	J	S^e^ Ingrid	
3	V	S. Grégoire	
4	S	S^e^ Rosalie	
5	D	S^e^ Raïssa	
6	L	S. Bertrand	36
7	M	S^e^ Reine	
8	M	Nativité N.-D.	
9	J	S. Alain	
10	V	S^e^ Inès	
11	S	S. Adelphe	
12	D	S. Apollinaire	
13	L	S. Aimé	37
14	M	La S^e^ Croix	
15	M	S. Roland	
16	J	S^e^ Édith	
17	V	S. Renaud	
18	S	S^e^ Nadège	
19	D	S^e^ Émilie	
20	L	S. Davy	38
21	M	S. Matthieu	
22	M	S. Maurice	
23	J	AUTOMNE	
24	V	S^e^ Thècle	
25	S	S. Hermann	
26	D	SS. Côme, Dam.	
27	L	S. Vinc. de P.	39
28	M	S. Venceslas	
29	M	S. Michel	
30	J	S. Jérôme	

OCTOBRE			
1	V	S^e^ Thér. de l'E.-J	
2	S	S. Léger	
3	D	S. Gérard	
4	L	S. Fr. d'Assise	
5	M	S^e^ Fleur	40
6	M	S. Bruno	
7	J	S. Serge	
8	V	S^e^ Pélagie	
9	S	S. Denis	
10	D	S. Ghislain	
11	L	S. Firmin	41
12	M	S. Wilfried	
13	M	S. Géraud	
14	J	S. Juste	
15	V	S^e^ Thér. d'Avila	
16	S	S^e^ Edwige	
17	D	S. Baudouin	
18	L	S. Luc	42
19	M	S. René	
20	M	S^e^ Adeline	
21	J	S^e^ Céline	
22	V	S^e^ Élodie	
23	S	S. Jean de C.	
24	D	S. Florentin	
25	L	S. Crépin	43
26	M	S. Dimitri	
27	M	S^e^ Émeline	
28	J	SS. Simon, Jude	
29	V	S. Narcisse	
30	S	S^e^ Bienvenue	
31	D	S. Quentin	

NOVEMBRE			
1	L	TOUSSAINT	44
2	M	**Défunts**	
3	M	S. Hubert	
4	J	S. Charles	
5	V	S^e^ Sylvie	
6	S	S^e^ Bertille	
7	D	S^e^ Carine	
8	L	S. Geoffroy	45
9	M	S. Théodore	
10	M	S. Léon	
11	J	ARMISTICE 18	
12	V	S. Christian	
13	S	S. Brice	
14	D	S. Sidoine	
15	L	S. Albert	46
16	M	S^e^ Marguerite	
17	M	S^e^ Élisabeth	
18	J	S^e^ Aude	
19	V	S. Tanguy	
20	S	S. Edmond	
21	D	Présent. Marie	
22	L	S^e^ Cécile	47
23	M	S. Clément	
24	M	S^e^ Flora	
25	J	S^e^ Cath. Labouré	
26	V	S^e^ Delphine	
27	S	S. Séverin	
28	D	S. Jacq. de la M.	
29	L	S. Saturnin	
30	M	S. André	

DÉCEMBRE			
1	M	S^e^ Florence	48
2	J	S^e^ Viviane	
3	V	S. Xavier	
4	S	S^e^ Barbara	
5	D	S. Gérald	
6	L	S. Nicolas	49
7	M	S. Ambroise	
8	M	Im. Conception	
9	J	S. Pierre-F.	
10	V	S. Romaric	
11	S	S. Daniel	
12	D	S^e^ Jean. Fr.-Ch.	
13	L	S^e^ Lucie	50
14	M	S^e^ Odile	
15	M	S^e^ Ninon	
16	J	S^e^ Alice	
17	V	S. Gaël	
18	S	S. Gatien	
19	D	S. Urbain	
20	L	S. Abraham	51
21	M	S. Pierre C.	
22	M	HIVER	
23	J	S. Armand	
24	V	S^e^ Adèle	
25	S	NOËL	
26	D	S. Étienne	
27	L	S. Jean	52
28	M	SS. Innocents	
29	M	S. David	
30	J	S. Roger	
31	V	S. Sylvestre	

Document 2 : Les six derniers mois de l'année 2010.

L'année se termine le 31 décembre.

Questions

1. Observe ce calendrier (Documents 1 et 2). Quelle année représente-t-il ?
2. Combien y a-t-il de jours en février ? et les autres mois ?
3. Quel jour est le 25 août ?
4. Combien y a-t-il de dimanches en juillet ?
5. Combien y a-t-il de semaines dans l'année ?
6. Quel est le dernier jour de l'année 2010 ? et le premier jour de l'année 2011 ?

Atelier

- Procure-toi un calendrier de l'année. Colorie les périodes de vacances, les dimanches, les jours où tu ne vas pas en classe... Puis compte combien de jours tu vas à l'école chaque mois.

7. Comment se déroule

Cherchons ensemble

- En quelle année es-tu né(e) ?
- À quel âge es-tu entré(e) à l'école maternelle ?
- Depuis combien d'années vas-tu à l'école ?

Document 1 : À 1 an, Vincent commence à marcher.

Document 2 : À 3 ans, Vincent est capable de faire des pâtés de sable.

▶ Les moments de ta vie

Depuis ta naissance, chaque année, il se passe quelque chose de nouveau : tu marches, tu vas à l'école, tu nages... Ce sont les événements importants de ta vie.

Document 3 : À 6 ans, Vincent sait nager.

Objectifs : Repérer et situer des événements dans l'ordre chronologique.

la vie d'un enfant ?

▶ Une frise chronologique

Pour montrer des événements dans l'ordre où ils sont arrivés, tu peux placer des photographies ou des dessins sur une frise chronologique.
L'événement le plus ancien est à gauche, au début de la frise.
L'événement le plus récent est à droite, à la fin de la frise.

Document 4 : Une frise chronologique qui raconte le début de la vie de Vincent.

Questions

1. Quel âge a Vincent sur les **Documents 1, 2 et 3** ?

2. Observe la frise chronologique (**Document 4**) et décris-la.
- Quel est le premier événement placé sur la frise ?
- Le moment où Vincent sait nager a-t-il lieu avant ou après le moment où il est capable de faire des pâtés de sable ?

3. Où est placé le **Document 3** sur la frise (**Document 4**) ?

Atelier

- Demande à ton père ou à ta mère des photographies de toi à différents moments de ta vie. Colle-les dans l'ordre chronologique sur ton cahier. Sous chaque photographie, écris ton âge au moment où elle a été prise.

JE RETIENS

- Une vie commence à la naissance. Elle est constituée d'une suite d'événements.
- La frise chronologique permet de montrer ces événements dans l'ordre où ils sont arrivés.

8. Qu'est-ce qu'une

Cherchons ensemble

- Quelles sont les personnes les plus âgées dans une famille ? et les plus jeunes ?
- Quel est le lien entre un grand-père et ses petits-enfants ?

Document 1 : Une famille.

▶ La famille

Une famille se compose, en général, des parents et de leurs enfants. Il y a aussi des grands-parents et, parfois, des arrière-grands-parents, des oncles et tantes, des cousins...

Objectif : Situer des générations les unes par rapport aux autres.

famille ?

▶ Un arbre généalogique

Pour expliquer comment est composée une famille, tu peux dessiner un schéma en forme d'arbre : c'est l'arbre généalogique. Chaque ligne sur l'arbre représente une génération.

Document 2 : Un arbre généalogique.

Atelier

- Prends un jeu des sept familles. Range les cartes par familles, puis par générations. Invente d'autres familles et fabrique les cartes correspondantes.

Questions

1. Observe la photographie **(Document 1)**.
   - Combien y a-t-il de personnes dans cette famille ?
   - De qui Manon est-elle la petite-fille ?
   - Comment s'appelle le père d'Hugo ?
   - Qui sont les enfants de Delphine ?
2. Regarde l'arbre généalogique **(Document 2)**. Combien de générations sont représentées ?

JE RETIENS

- Une famille regroupe plusieurs générations : les grands-parents, les parents, les enfants.
- L'arbre généalogique permet de représenter la famille.

9. Comment c'était

Cherchons ensemble

- Cite des objets qui existent aujourd'hui mais qui n'existaient pas avant.
- Quel moyen de transport utilisait-on autrefois pour se déplacer ?
- Avec quoi s'éclairait-on avant, quand l'électricité n'existait pas ?

Document 1 : Une femme au téléphone il y a 100 ans.

Document 2 : Une locomotive à vapeur il y a 80 ans.

Document 3 : Une classe il y a 50 ans.

▶ Autrefois

Avant, tout était différent : les bâtiments, les moyens de transport, les objets, les vêtements…
Les gens vivaient autrement.

avant ?

Objectifs : Reconnaître et comparer des scènes du passé et des scènes du présent.

Document 4 : Une femme avec un téléphone sans fil.

Aujourd'hui

Les hommes font sans cesse de nouvelles découvertes. Ils inventent et fabriquent de nouveaux objets de plus en plus perfectionnés. Tout cela change leur façon de vivre.

Document 5 : Une classe de nos jours.

Document 6 : Le TGV (train à grande vitesse).

Questions

1. Observe le Document 1. Décris l'objet que tient la femme.
2. Compare le Document 1 au Document 4. Quelles différences y a-t-il entre ces deux téléphones.
3. Observe les Documents 2 et 6. Qu'est-ce que ces deux véhicules ont de commun et de différent ?
4. Compare les Documents 3 et 5. Décris les vêtements, les murs des deux classes, comment sont placés les élèves, etc.

Atelier

- Observe les objets présents dans ta classe. Dresse la liste de ceux qui, à ton avis, ne pouvaient pas exister dans la classe de tes grands-parents et de ceux qui existaient mais ont été transformés.

JE RETIENS

- Les outils et les objets qui nous entourent sont différents de ceux d'autrefois.
- Avec le temps qui passe, la façon de vivre des gens change.

10. Que reste-t-il du

Cherchons ensemble

- Y a-t-il des monuments anciens là où tu habites ?
- Comment connaît-on la vie des hommes d'autrefois ?
- Es-tu déjà allé(e) au musée ? Raconte ce que tu as vu.

Document 1 : Un gramophone inventé il y a 120 ans.

Document 2 : La ville d'Amboise.

▶ Autour de nous

Tu peux voir des traces du passé un peu partout : des vieilles maisons, des châteaux, des églises et d'autres monuments anciens.
Il y a aussi de vieux objets que tu trouves parfois dans les maisons et les greniers.

Objectifs : Savoir repérer les traces du passé et comprendre ce qu'elles nous apportent.

passé ?

Dans les bibliothèques et les musées

Depuis très longtemps, les hommes écrivent et dessinent pour raconter comment se passe leur vie.
Dans les bibliothèques et les musées, on conserve leurs lettres, leurs livres, leurs peintures et leurs sculptures.
Ce sont des traces du passé : elles racontent l'histoire des hommes.

Document 3 : Une page d'un manuscrit du Moyen Âge écrit il y a 550 ans.

Document 4 : Une peinture montrant une famille il y a 300 ans (L. Boilly, 1787).

Questions

1. Que montre le **Document 1** ? À ton avis à quoi cet objet servait-il autrefois ?
2. Quelles traces du passé vois-tu sur le **Document 2** ? Toutes les constructions ont-elles été faites au même moment ?
3. Observe le **Document 3**.
   - Décris tout ce que tu vois.
   - Parviens-tu à le lire ? Pourquoi ?
4. Décris le **Document 4**.
   - Comment les personnages sont-ils habillés ?
   - Leurs coiffures ressemblent-elles à celles d'aujourd'hui ?
   - Quels objets reconnais-tu ?
   - Cette famille ressemble-t-elle à la tienne ? Pourquoi ?

Atelier

- Apporte en classe un objet ancien ou sa photographie et présente-le à tes camarades. Ensuite, tous ensemble, créez un musée de la classe avec tout ce que vous avez apporté.

JE RETIENS

- Il reste de nombreuses traces du passé : des monuments, des objets, des livres...
- Les traces du passé racontent l'histoire des hommes.

Zoom sur... TRACER

Une frise chronologique permet de représenter le temps qui passe. On place dessus les dates et les événements importants dans l'ordre où ils se produisent.

Une frise chronologique se lit de gauche à droite.

Document A : Les premiers pas de l'astronaute américain Armstrong sur la Lune (21 juillet 1969).

Document B : Le premier lancement de la fusée européenne *Ariane* (1978).

Document C : L'exploration de la planète Mars par le robot *Sojourner* (1997).

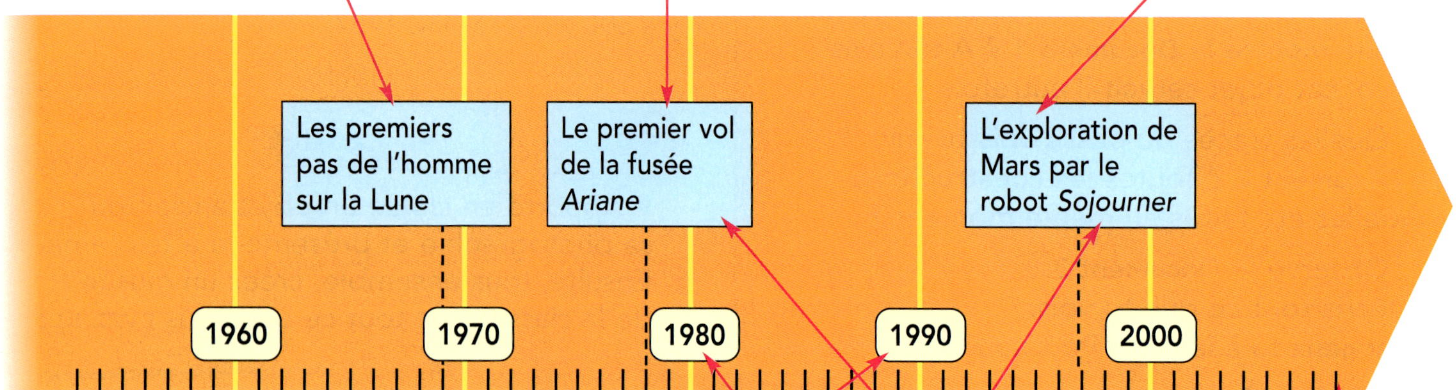

Document 1 : Frise de la conquête de l'espace.

Les dates qui servent de repères.

Les événements.

La ligne du temps

L'événement le plus ancien se trouve à gauche, au début de la frise.

L'événement le plus récent se trouve à droite, à la fin de la frise.

UNE FRISE CHRONOLOGIQUE

Pour construire une frise chronologique, trace une ligne du temps. Place ensuite les différents événements dans l'ordre chronologique juste au-dessus des dates correspondantes. Pour finir, donne un titre à ta frise.

Document D : Le grand bi, 1870.

Document E : La draisienne, 1816.

Document F : Le vélo tout terrain (VTT), 1975.

Document G : La bicyclette, 1885.

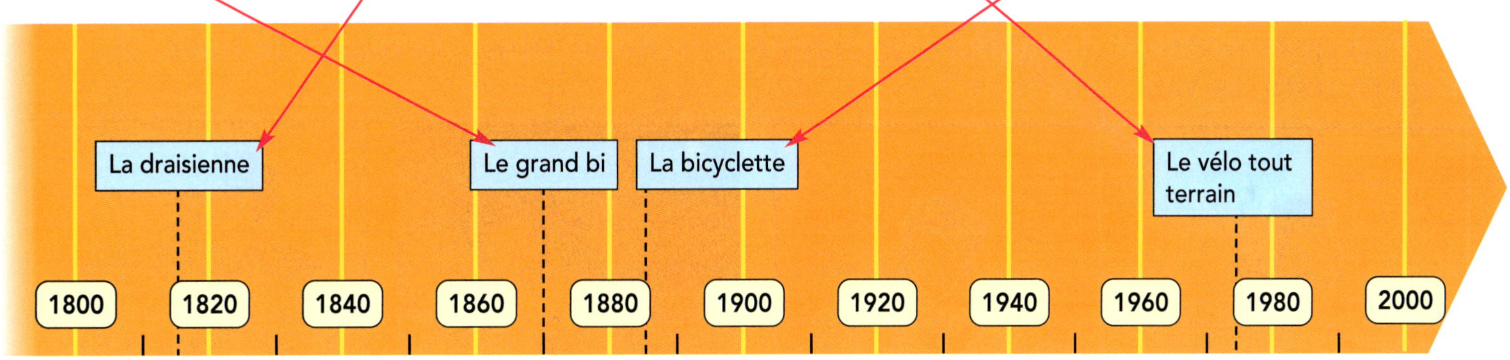

Document 2 : Frise de l'histoire de la bicyclette.

Questions

1. Observe la frise chronologique (Document 1).
   - Quel est l'événement le plus ancien ?
   - Que s'est-il passé en 1978 ?
   - Où est situé l'événement le plus récent ?
2. Observe les Documents D, E, F et G. Quel est le plus ancien ? le plus récent ?
3. Où est placé le Document G sur la frise chronologique (Document 2) ? Explique pourquoi.

Atelier

- À plusieurs, tracez sur une grande feuille une ligne du temps en indiquant les 12 mois de l'année. Accrochez-la sur un mur de la classe. Notez-y les événements importants qui se sont produits depuis la rentrée. Complétez cette frise chronologique au fur et à mesure des semaines jusqu'à la fin de l'année.

SAVOIR... SE REPÉRER

1 **Observe ces horloges. Quelle heure indique chacune d'elles ?**

Horloge n° 1

Horloge n° 2

Horloge n° 3

Horloge n° 4

2 **Observe ces dessins.**

• Dis à quel moment de la journée chaque activité se situe : le matin, le midi, l'après-midi, le soir ou la nuit ?

Moment n° 1

Moment n° 2

Moment n° 3

Moment n° 4

• À quel endroit de la frise chronologique faut-il placer chaque activité de la journée représentée sur les quatre dessins ci-dessus ?

DANS LE TEMPS

3 Voici une frise chronologique qui raconte l'histoire d'une famille.

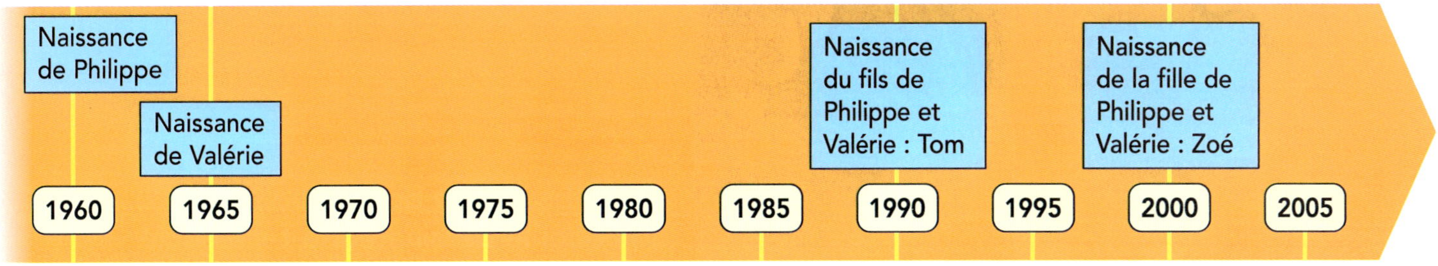

- **Quel est l'événement le plus ancien ?**
- **Qui sont Valérie et Philippe pour Tom et Zoé ?**
- **Tom est-il né avant ou après Philippe ?**
- **Quelle est la personne la plus jeune ?**
- **Voici le portrait de tous les membres de la famille. Dis le nom et l'année de naissance de chacun.**

4 Observe ces photographies et compare-les. Laquelle montre le passé ?

- **Que reste-t-il du passé dans la photographie qui montre le présent ?**

Photographie n° 1

Photographie n° 2

Atelier

- Un jour de soleil, place-toi dans la cour de l'école, toujours exactement au même endroit, à différents moments de la journée. Marque à la craie la direction de ton ombre sur le sol et note à côté l'heure qu'il est. Tu fabriqueras ainsi le plus simple des cadrans solaires. Les jours suivants, pour savoir l'heure qu'il est, place-toi au même endroit et regarde où se trouve ton ombre.

L'atelier des artistes

Document 1 : « Soleil et Lune ».

1. Observe ce dessin (Document 1). À quoi le dessinateur a-t-il associé le jour et la nuit ?

2. Quelles couleurs a-t-il utilisées ?

L'éternel enfant

Grand plaisir grand merci
Merci mille fois merci.
A bientôt Mais non Mais si
Ce n'est rien je vous en prie.

À Dimanche à Lundi
A mardi à Mercredi
C'est cela : plutôt Vendredi
Le matin, je veux dire à midi
Dès l'aurore avant la nuit.

Sans façon c'est par ici
Trop aimable. Bonne nuit.

Jean Tardieu, in *Formeries*, recueilli dans *L'Accent grave et l'Accent aigu*,

Document 2 : « L'Heure de tous », sculpture d'Arman située devant la gare Saint-Lazare à Paris (1985).

3. À ton avis, pourquoi le sculpteur a-t-il appelé cette œuvre « L'Heure de tous » (Document 2) ?

4. Quel rapport fais-tu entre cette sculpture et l'endroit où elle se trouve ?

Document 3 : « L'Été », peinture d'Arcimboldo (1573).

5. Observe cette peinture (Document 3).
Que représente-t-elle ?

6. Quels fruits et légumes reconnais-tu ?

7. À ton avis, pourquoi ce tableau s'appelle-t-il « L'Été » ?

Atelier

• Choisis une saison et représente-la à ta façon en faisant des collages ou bien avec de la peinture, des crayons de couleur, des feutres...

Réfléchis bien au choix des couleurs : quelles sont celles qui conviennent le mieux pour le printemps ? l'automne ?...

Le vivant

1. Comment bouge

Cherchons ensemble

- Quelles parties de ton corps bougent quand tu marches ?
- Peux-tu plier ton bras dans tous les sens ?
- Quels mouvements peux-tu faire avec la tête ?

Document 1 : Un garçon qui court.

Document 2 : Des enfants qui font du roller.

▶ Des mouvements variés

Tu peux marcher, courir, sauter, grimper, nager. Ton corps bouge. Grâce à la force des muscles, il se déplace, il fait des mouvements et il prend des positions différentes.

Document 3 : Une fille qui fait de l'escalade.

ton corps ?

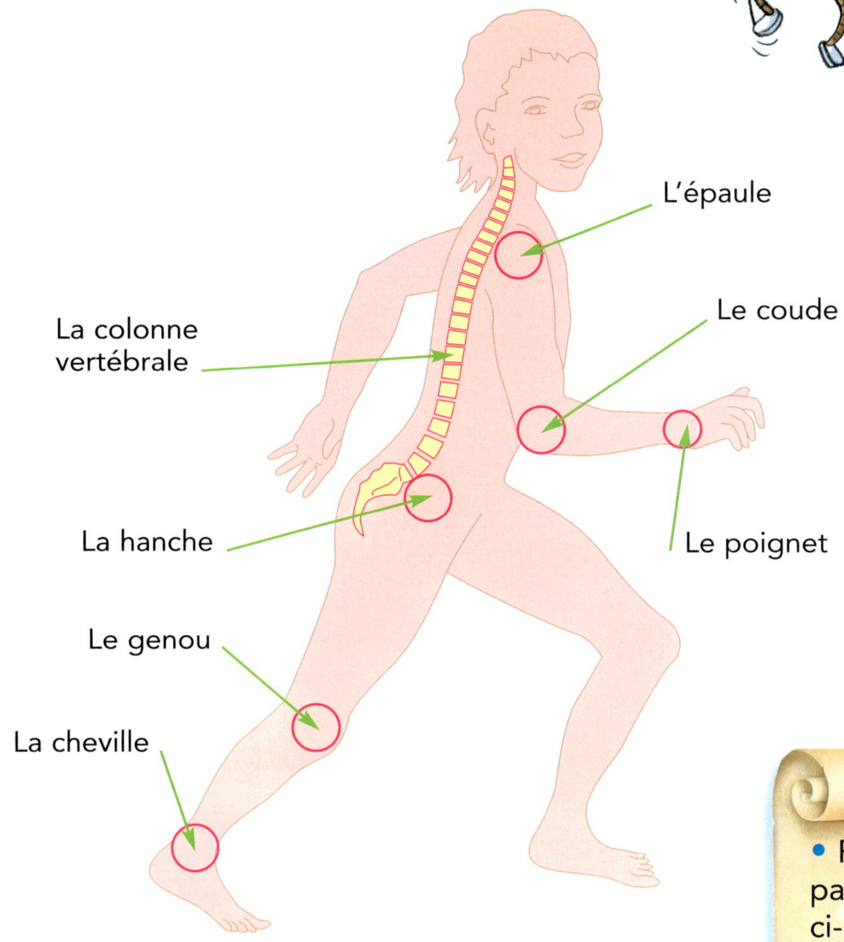

Document 4 : Les principales articulations du corps.

▶ Un corps articulé

Les articulations relient les os entre eux. Ainsi, tu peux plier tes bras, tes mains, tes jambes et tes pieds...
La colonne vertébrale maintient l'ensemble de ton corps. Elle te permet d'arrondir ou de redresser ton dos et de bouger ta tête.

Atelier

• Reproduis les différentes parties du corps du bonhomme ci-contre sur un carton. Découpe-les, puis assemble-les avec des attaches parisiennes. Ensuite, fais-lui prendre différentes positions et vérifie si tu peux toi aussi plier tes bras et tes jambes comme lui. Explique ce que tu observes.

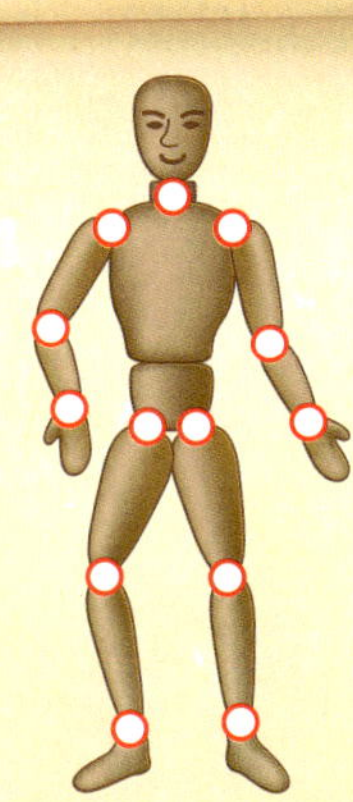

Questions

1. Observe les Documents 1, 2 et 3.
• Que font ces enfants ?
• Décris la position de chacun d'eux.
• Quelles parties de leurs corps sont pliées ?

2. Observe le Document 4.
• Cite les 3 articulations du bras et les 3 articulations de la jambe.
• Comment s'appelle l'os articulé qui se trouve tout le long du dos ?

JE RETIENS

• Le corps humain peut bouger grâce aux muscles.
• Il possède de nombreuses articulations qui permettent de plier les bras, les mains, les jambes, les pieds...

Zoom sur... DÉCOUVRIR

Pour pouvoir raconter les mouvements que tu fais ou dire au médecin à quel endroit tu as mal, il faut connaître les différentes parties de ton corps.

Des parties visibles

Ton corps est constitué de différentes parties que tu peux voir.

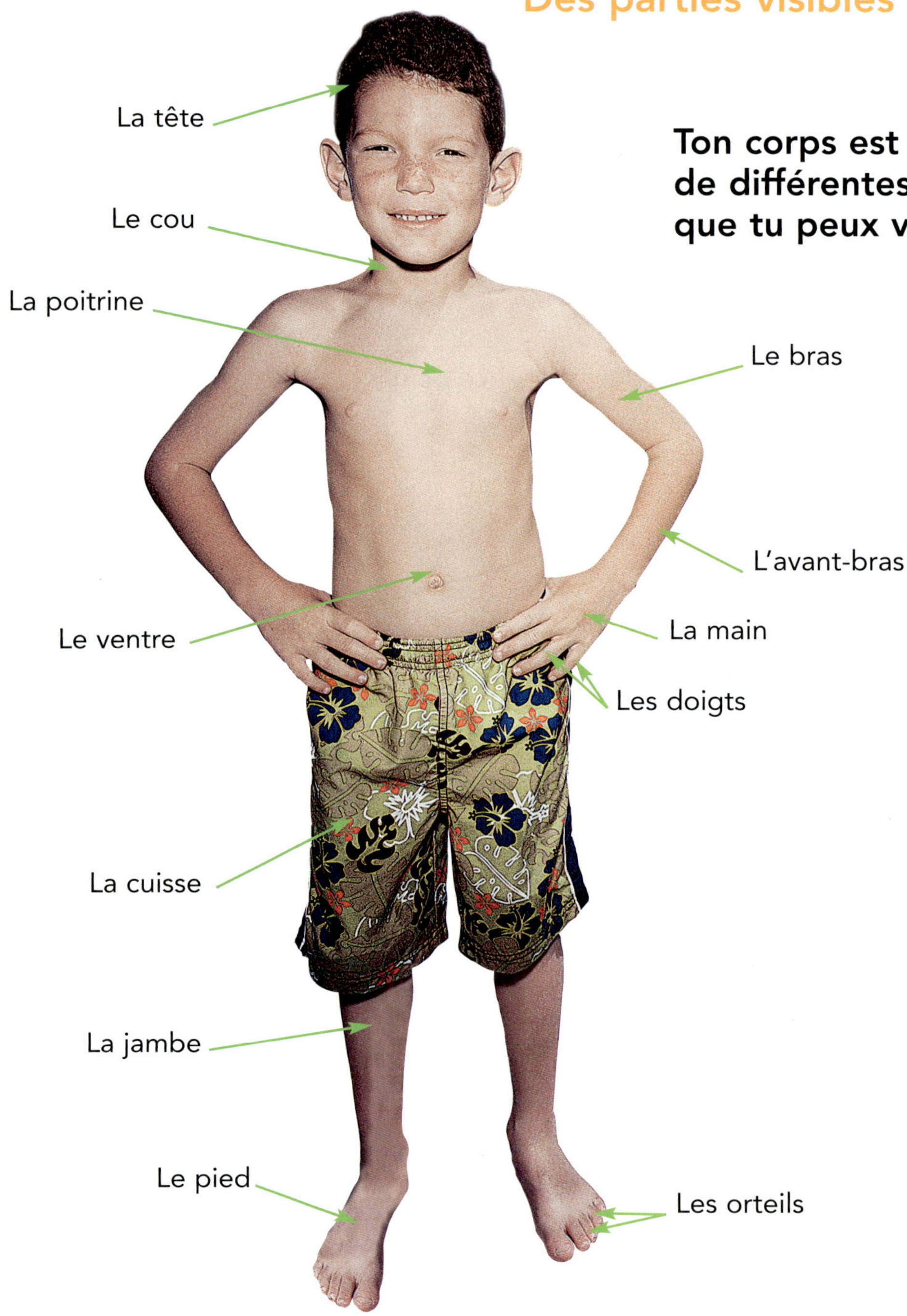

Document 1 : Le corps humain.

Des parties cachées

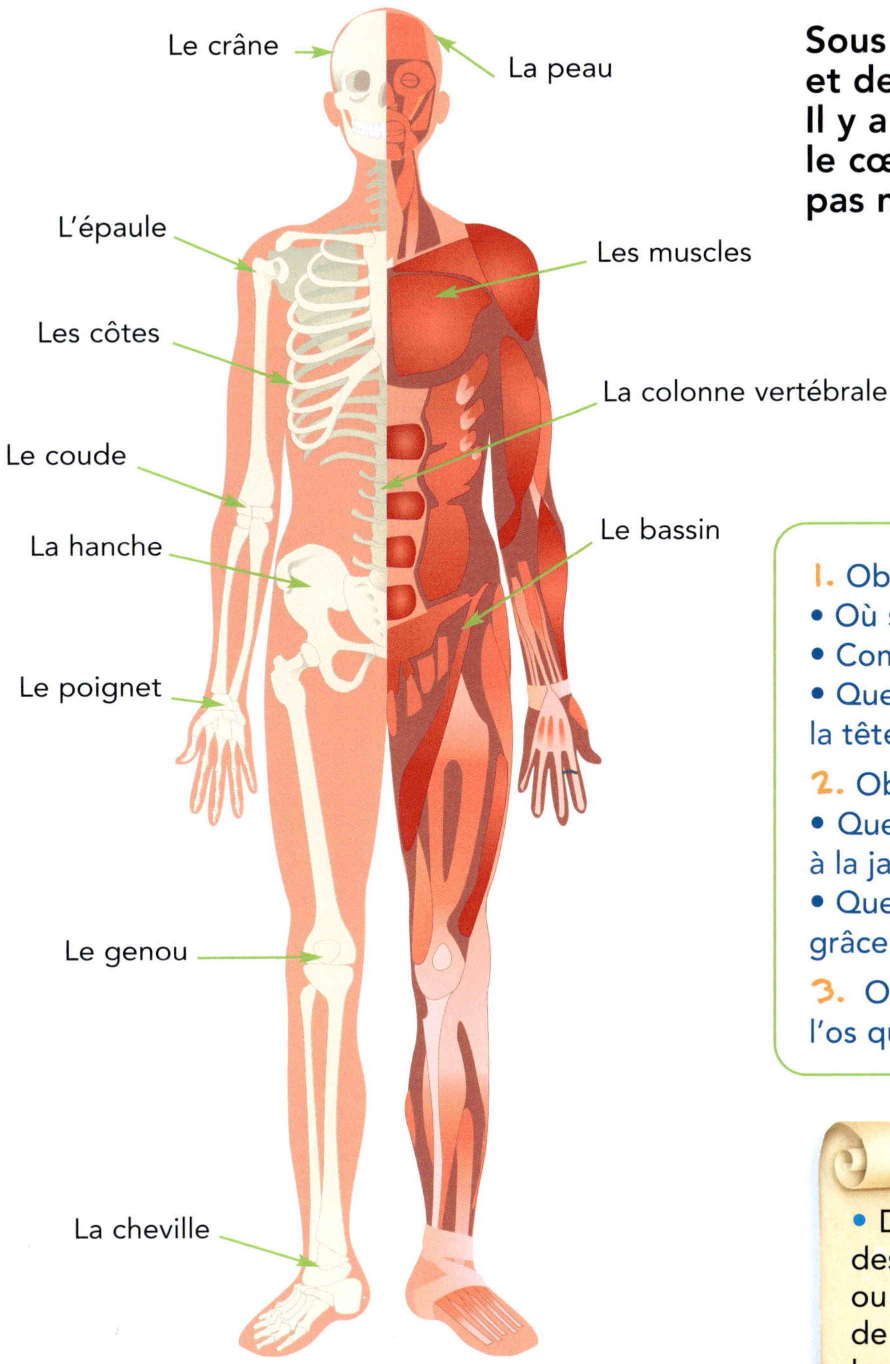

Document 2 : Les muscles et le squelette d'un homme.

Sous la peau se trouvent des muscles et des os qui forment le squelette. Il y a aussi des organes comme le cœur et l'estomac. Tu ne les vois pas mais tu peux les sentir.

Questions

1. Observe le Document 1.
- Où se trouve la jambe ?
- Comment s'appellent les doigts du pied ?
- Quelle partie du corps est située entre la tête et la poitrine ?

2. Observe le Document 2.
- Quelles articulations permettent à la jambe et au pied de bouger ?
- Quelles parties du corps peuvent bouger grâce à l'articulation du coude ?

3. Observe les Documents 1 et 2. Quel est l'os qui se trouve au niveau de la tête ?

Atelier

- Découpe dans un magazine des silhouettes d'hommes, de femmes ou d'enfants vus de face, de dos ou de profil. Colle-les dans ton cahier. Indique avec des flèches les noms et les emplacements des parties du corps et des articulations que tu connais.

2. Qu'est-ce que

Cherchons ensemble

- Que se passe-t-il quand tu souffles dans un ballon ?
- Si tu as le nez bouché à cause d'un rhume, comment fais-tu pour respirer ?
- Peux-tu respirer dans l'eau ?

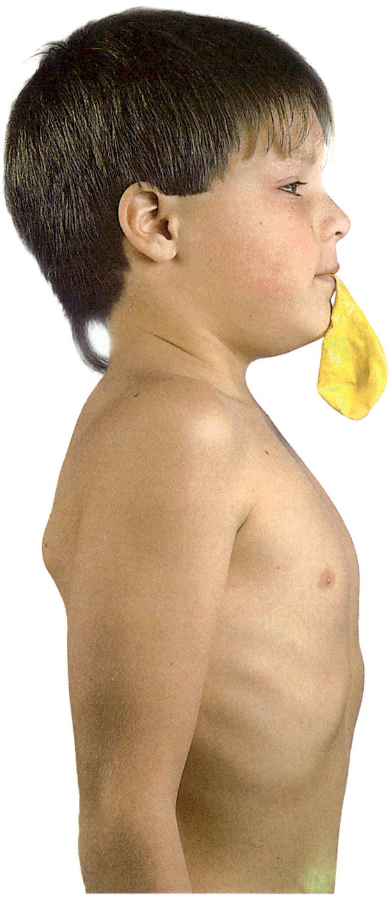

Document 1 : L'enfant inspire. L'air entre dans les poumons.

Document 2 : L'enfant expire. L'air sort des poumons.

▶ De l'air pour le corps

Tu respires parce que ton corps a besoin d'air pour fonctionner.
La respiration se fait en deux mouvements :

- l'air entre par le nez ou par la bouche : tu inspires ;
- l'air ressort lorsque tu souffles : tu expires.

la respiration ?

▶ De l'air dans les poumons

Lorsque tu respires, ta poitrine augmente puis diminue de volume. À l'intérieur, tes poumons se gonflent quand tu inspires. Ils se dégonflent quand tu expires. Tu ne peux pas rester longtemps sans respirer car tu risques d'étouffer. Tu respires 20 à 30 fois par minute, sans t'en rendre compte.

L'homme ne peut pas respirer dans l'eau. Il doit emporter des réserves d'air dans des bouteilles.

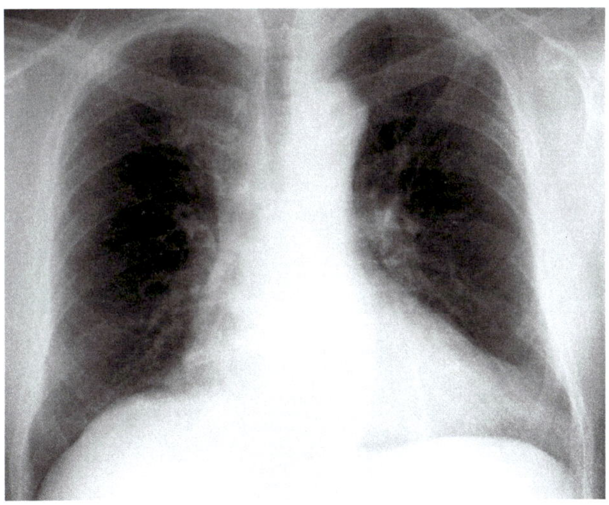

Document 3 : Une radiographie des poumons pendant que l'enfant inspire.

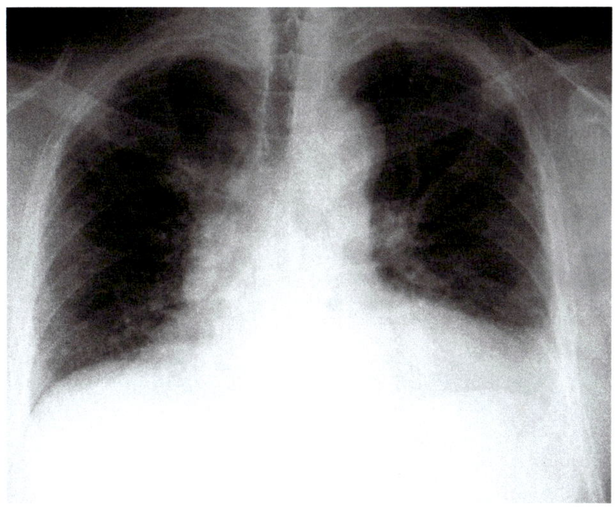

Document 4 : Une radiographie des poumons pendant que l'enfant expire.

Questions

1. Observe le Document 1.
• Que fait cet enfant ? Décris-le.

2. Comment vois-tu que cet enfant souffle de l'air (Document 2) ?

3. Observe les Documents 3 et 4.
• Que représentent-ils ?
• Lesquels de ces poumons se gonflent d'air ?

Atelier

• Pose tes mains sur ton corps au niveau de tes poumons. Inspire le maximum d'air, puis vide tes poumons très lentement. Dis ce que tu sens.

JE RETIENS

• Le corps a besoin d'air pour fonctionner.
• La respiration se fait en inspirant de l'air dans les poumons, puis en l'expirant.

3. Que fait ton corps

LE VIVANT

Cherchons ensemble

- Quand sais-tu que tu as sommeil ?
- Comment sont tes yeux quand tu dors ?
- Combien de temps dors-tu par nuit ?

Une petite fille qui a sommeil.
Elle bâille et elle se frotte les yeux.

Position A.

Position B.

Document 1 : Un enfant qui dort dans différentes positions.

▶ Un sommeil réparateur

Quand tu es fatigué(e), tu as sommeil.
Il faut aller dormir. Pendant que tu dors,
ton corps se repose et tu reprends des forces.

Objectif : prendre conscience que le corps est toujours en activité et connaître l'importance du sommeil.

pendant que tu dors ?

▶ Un sommeil actif

Pendant ton sommeil, sans t'en rendre compte, ton corps continue d'être actif. Parfois, tu bouges. Tu rêves aussi. Tu respires et ton cœur bat. En plus, tu grandis ! Il est donc important de bien dormir. Plus un enfant est jeune, plus il a besoin de sommeil. Un nouveau-né dort environ 18 heures par jour. À ton âge, tu dois dormir 12 heures par nuit.

Document 2 : Un nouveau-né qui dort.

Position C.

Atelier

- Interroge les gens de ta famille : demande-leur à quelle heure ils vont se coucher et à quelle heure ils se lèvent. Note et compare le temps de sommeil de chacun. Qui dort le plus : un bébé, un enfant ou un adulte ?

Questions

1. Observe le Document 1 et compare les Positions A, B et C.
   - Que fait cet enfant pendant son sommeil ?
   - À ton avis, pourquoi bouge-t-il en dormant ?
2. Décris le Document 2.
   - Que fait ce nouveau-né ?
   - D'après toi, pourquoi un nouveau-né a-t-il besoin de beaucoup de sommeil ?

JE RETIENS

- Le sommeil permet au corps de se reposer.
- Même au repos, le corps reste actif : le cœur bat, la respiration continue et, chez les enfants, le corps grandit.

4. Grandiras-tu

Cherchons ensemble

- Comment appelle-t-on un enfant qui vient de naître ?
- Quand penses-tu que tu t'arrêteras de grandir ?
- Qu'est-ce qu'un adulte ?

La taille se mesure avec un mètre ou une toise.

L'enfance

À sa naissance, l'homme n'est qu'un tout petit bébé. Puis il grandit, il grossit et son corps se transforme. Il devient un enfant, puis un adolescent. Pour suivre les progrès de ta croissance, il faut régulièrement te mesurer et te peser.

Document 1 : Un bébé.

Document 2 : Un enfant.

Document 3 : Un adolescent.

Objectif : Identifier les différentes étapes de la croissance d'un être humain de la naissance à la mort.

toute ta vie ?

Document 4 : Un adulte.

L'âge adulte et la vieillesse

Vers 20 ans, l'adolescent arrête de grandir.
Il devient un adulte capable à son tour d'avoir des enfants.
Puis il vieillit, son corps s'affaiblit et il meurt.

Document 5 : Une personne âgée.

Questions

1. Observe les Documents 1, 2 et 3.
- À quoi vois-tu que le bébé est plus jeune ?
- Où peux-tu te situer par rapport à ces trois jeunes ?

2. Compare les Documents 4 et 5.
- Laquelle de ces personnes est la plus âgée ? À quoi le vois-tu ?
- Ces personnes grandissent-elles encore ?

Atelier

- Demande ton carnet de santé à tes parents. Note sur un cahier ta taille à la naissance, à 1 an, à 2 ans, etc. Calcule de combien de centimètres tu as grandi la première année, la deuxième, la troisième... Compare tes résultats avec ceux de tes camarades.

JE RETIENS

- Pendant l'enfance et l'adolescence, l'homme grandit et se développe.
- Après l'âge adulte, son corps s'affaiblit : il vieillit peu à peu, puis il meurt.

Zoom sur... COMPTER

Un bébé naît sans aucune dent. Il ne boit que du lait et n'a pas besoin de mâcher. En grandissant, l'enfant commence à manger de tout et ses dents poussent. Et toi, sais-tu combien tu as de dents ?

Le brossage régulier des dents permet de les garder en bonne santé.

Entre 1 an et 6 ans, il pousse environ 20 dents dans la bouche d'un enfant. Ces petites dents, souvent très blanches, sont appelées les « dents de lait ».

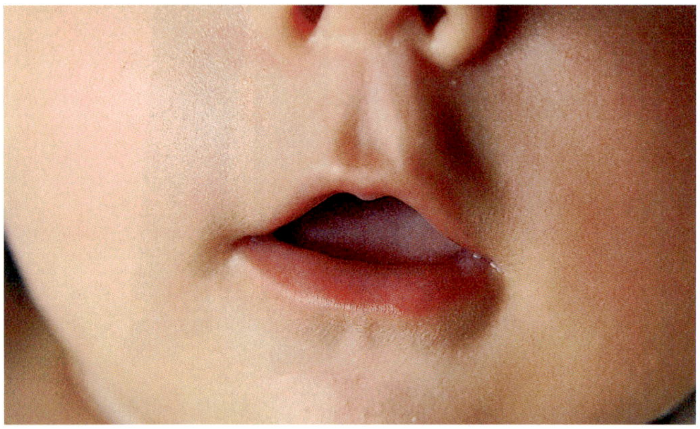

Document 1 : La bouche sans dent d'un bébé d'1 mois.

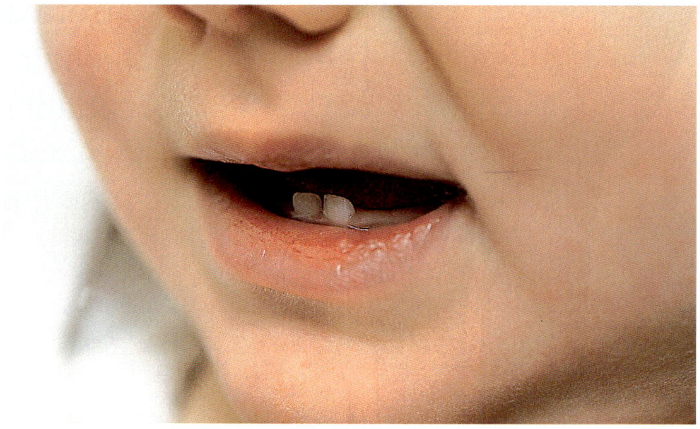

Document 2 : Les premières dents dans la bouche d'un enfant d'1 an.

Vers 6 ans, les dents de lait tombent et sont remplacées par des dents plus grosses et plus nombreuses : les dents « définitives ».

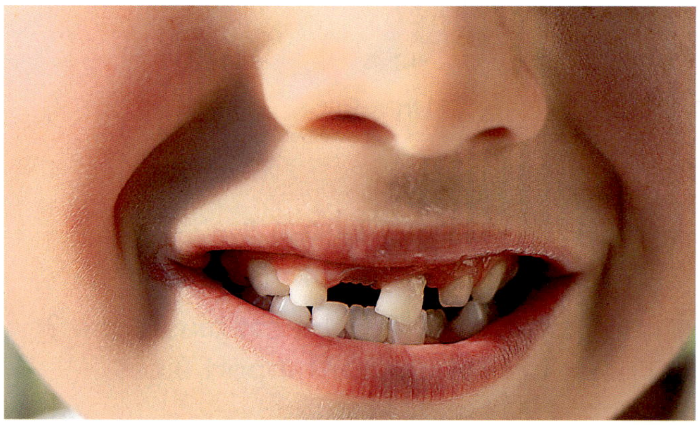

Document 3 : La bouche d'un enfant de 6 ans qui commence à perdre ses dents de lait.

SES DENTS

À l'âge adulte, l'homme a 32 dents. Ces dents durent toute la vie.

Document 4 : Les différentes sortes de dents.

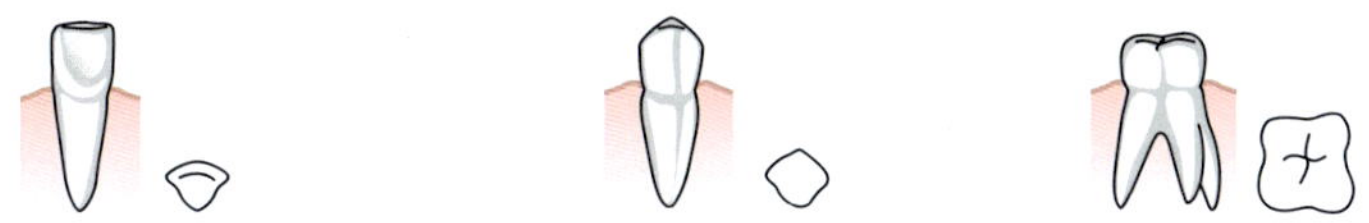

A : Les incisives, pour couper.

B : Les canines, pour déchirer.

C : Les molaires, pour écraser.

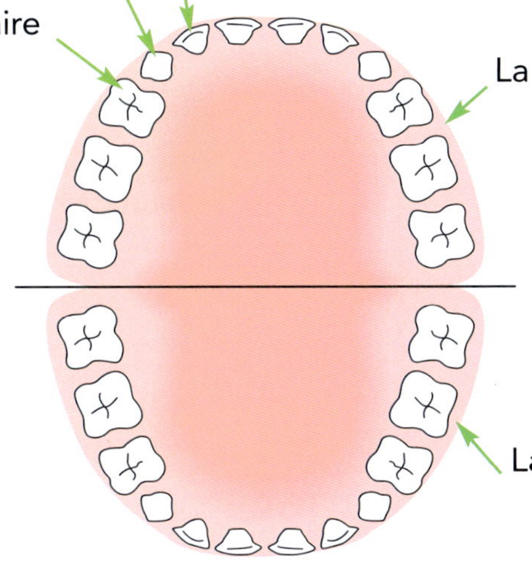

Document 5 : Les dents d'un enfant de 6 ans.

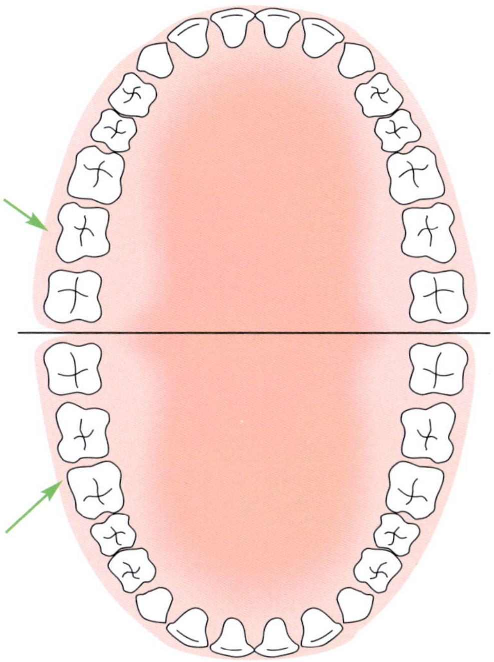

Document 6 : Les dents d'un adulte.

Questions

1. Observe le Document 1. À ton avis, pourquoi un bébé n'a-t-il pas de dents à sa naissance ?
2. À quel âge un enfant a-t-il généralement ses premières dents (Document 2) ?
3. Observe le Document 3. Qu'arrive-t-il à cet enfant de 6 ans ?
4. À quoi servent les différentes dents (Document 4) ?
5. Compare les Documents 5 et 6. Combien un adulte a-t-il de dents de plus qu'un enfant ?

Atelier

- Reproduis le dessin du Document 6 sur une feuille. Observe tes dents avec un miroir. Sur le dessin, colorie en bleu tes dents de lait et en rouge tes dents définitives. Compare ton dessin avec ceux de tes camarades.
- Par groupes, préparez des affiches qui donnent des bons conseils pour avoir de bonnes dents.

5. Que faut-il

Cherchons ensemble

- Que manges-tu le plus souvent ?
- Quels aliments préfères-tu ?
- Que bois-tu au petit-déjeuner ?

L'eau est indispensable à la vie. Il ne faut pas oublier de boire à chaque repas !

Document 1 : Une petite fille qui prend son petit-déjeuner.

▶ Manger pour vivre

Ton corps dépense beaucoup d'énergie tout au long de la journée pour bouger, travailler, grandir, etc.
Tu dois manger plusieurs fois par jour pour lui apporter toute l'énergie dont il a besoin.

Objectif : Comprendre l'utilité d'une nourriture variée et équilibrée pour vivre en bonne santé.

manger ?

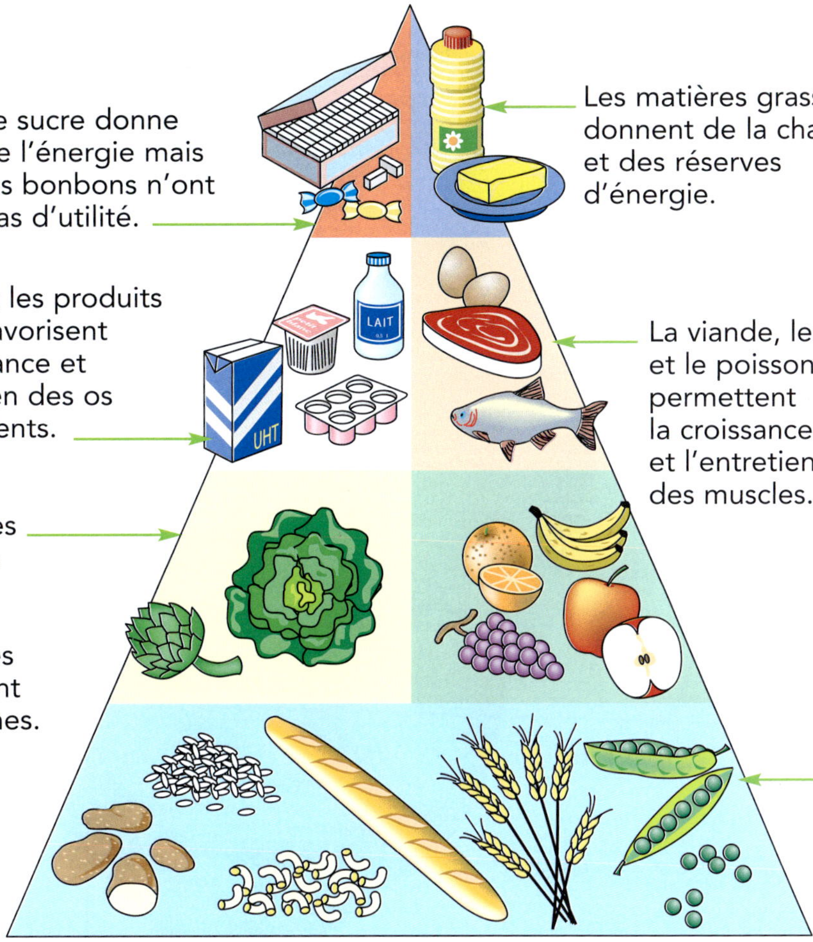

Document 2 : Les groupes d'aliments dont le corps a besoin. Plus l'espace occupé par un groupe est grand (en bas du dessin), plus le corps en a besoin.

▶ Manger de tout

Ton alimentation doit être variée car chaque aliment a une utilité particulière.
En mangeant un peu de tout, tes repas seront équilibrés.

Questions

1. Observe le Document 1. Que mange cette petite fille pour son petit-déjeuner ?

2. Observe le Document 2.
- Quels sont les aliments dont le corps a le plus besoin ?
- Quel groupe d'aliments protègent le corps contre les maladies ?
- À quoi sert principalement le lait ?
- Quels sont les aliments qu'il faut consommer en faibles quantités ?

Atelier

- Procure-toi les menus des repas de la semaine à la cantine. Utilise le Document 2 ci-contre pour vérifier que tous les groupes d'aliments ont été servis au moins une fois au cours de la semaine.

JE RETIENS

- Le corps humain a besoin de nourriture pour vivre.
- Bien manger, c'est avoir une alimentation variée et équilibrée.

6. À quoi te servent

Cherchons ensemble

- Que se passe-t-il quand tu fermes les yeux ?
- À quoi servent tes oreilles ?
- Avec quelle partie de ton corps peux-tu reconnaître qu'un objet est doux ?

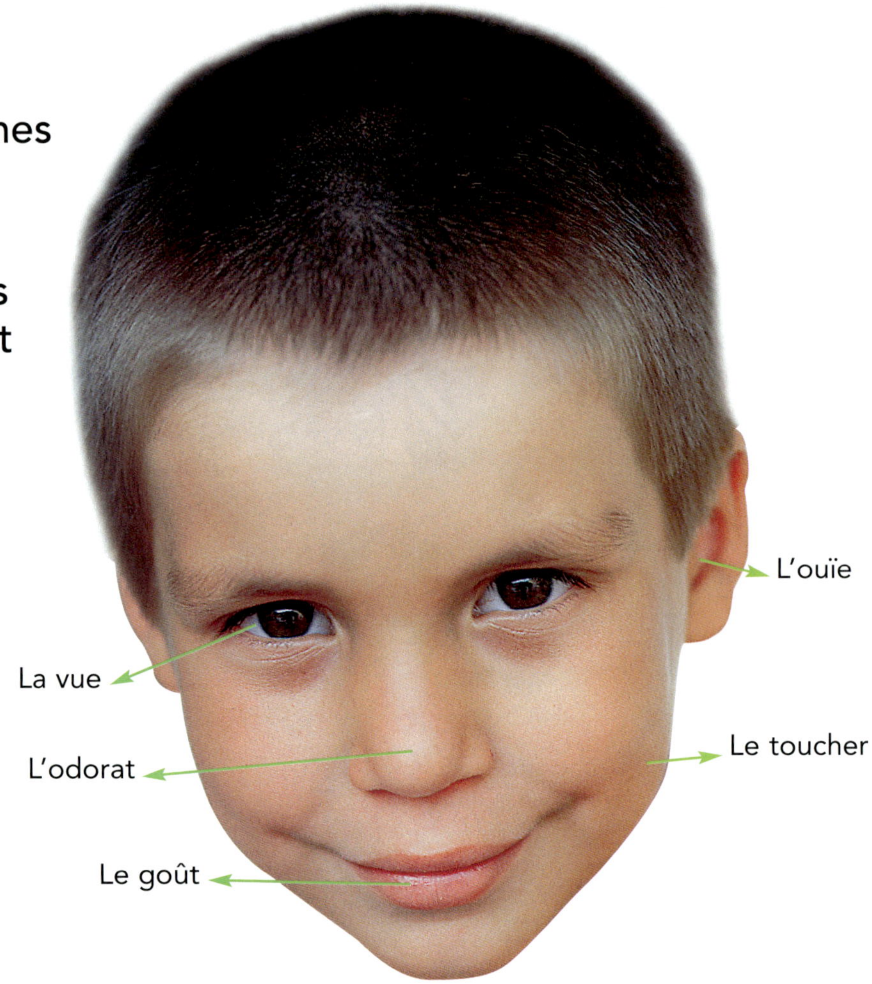

Document 1 : Les cinq sens.

Document 2 : Une petite fille qui se cache les yeux pour ne plus rien voir.

▶ Voir, entendre, toucher

- Tes yeux te permettent de voir tout ce qu'il y a autour de toi. C'est la vue.
- Avec tes oreilles, tu entends tous les bruits que font les gens et les choses. C'est l'ouïe.
- Avec ta main, ou même avec n'importe quel endroit de ta peau, tu peux toucher les objets autour de toi et sentir s'ils sont durs ou mous, froids ou chauds… C'est le toucher.

Document 3 : Un petit garçon qui écoute de la musique.

Document 4 : Un petit garçon qui fait un câlin à sa peluche.

tes cinq sens ?

▶ Sentir et goûter

• Le nez te permet de reconnaître les choses par leur odeur. C'est l'odorat.

• La langue permet de goûter les choses que tu manges. C'est le goût.

Document 5 : Une petite fille qui sent une fleur.

Document 6 : Une petite fille qui croque dans une poire.

Questions

1. Observe le Document 1. Quels sont les cinq sens ?

2. Observe le Document 2.
• Que fait la petite fille avec ses coquillages ?
• Pourquoi ne voit-elle plus rien ?

3. Que fait cet enfant (Document 3) ?
• Lequel de ses cinq sens utilise-t-il ?

4. Observe le Document 4.
• Que touche la joue du petit garçon ?
• À ton avis, cet objet est-il dur, mou, doux, froid ?

5. Décris le Document 5.

6. Qu'est-ce qui permet à cette petite fille de savoir quel goût a sa poire (Document 6) ?

Atelier

• Prends une grande feuille de papier. Écris en gros en haut de la page les noms des 5 sens : vue, odorat, ouïe, toucher, goût. Colle ou dessine en dessous 4 ou 5 images d'objets (téléphone, bonbon, glaçon...) ou d'animaux (chat, poisson rouge...). Puis trace des flèches entre les images et les sens que tu peux utiliser pour découvrir ces objets ou ces animaux.

JE RETIENS

• Le corps dispose de cinq moyens pour percevoir ce qui l'entoure : des yeux pour voir, des oreilles pour entendre, la peau pour toucher, un nez pour sentir, et une langue pour goûter.

• Il y a cinq sens : la vue, l'ouïe, le toucher, l'odorat et le goût.

Zoom sur… GOÛTER

Les hommes se nourrissent d'aliments très différents qui ont des goûts très variés. Pourtant, les aliments n'ont que quatre saveurs !

Ta langue te permet de percevoir le goût sucré d'une fraise, ton nez de sentir son odeur et tes yeux de voir sa jolie couleur rouge. Tous ces sens te donneront envie de la croquer !

Il existe quatre saveurs.

Document 1 : Des bonbons.

Document 2 : Du sel.

Le sucré
Le sucré est doux. C'est ce que tu aimes dans les bonbons.

Le salé
Le salé est piquant. Ajouté aux aliments, il en relève le goût.

L'amer
L'amer est peu agréable. C'est ce que tu trouves dans l'endive.

L'acide
Ce qui est acide est à la fois aigre et piquant. C'est comme le citron.

Document 3 : Une endive.

Document 4 : Des citrons.

DES ALIMENTS

La langue permet de goûter les quatre saveurs différentes.

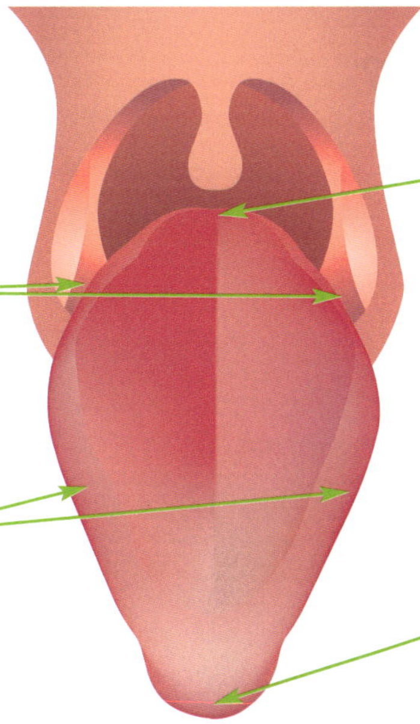

Document 5 : La langue, l'organe du goût.

Document 6 : Un cornichon.
Il est à la fois acide et salé.

Souvent, les saveurs se mélangent dans un même aliment. Il est alors plus difficile de les identifier.

Questions

1. Observe les Documents 1, 2, 3 et 4.
   - Quelles sont les saveurs de ces aliments ?
   - Donne d'autres exemples d'aliments acides.
2. Dans le Document 5, quelle partie de la langue permet de reconnaître les aliments sucrés ? les aliments amers ?
3. Quelle saveur a un cornichon (Document 6) ?

Atelier

- Avec le maître ou la maîtresse, faites un choix d'aliments : pamplemousse, citron, banane, chips… Goûtez-les et trouvez la saveur de chacun d'eux.
- Par petits groupes, essayez de reconnaître des aliments sans les voir. Un enfant distribue des petits morceaux, pendant que les autres les goûtent les yeux bandés.

7. D'où viennent

Cherchons ensemble

- Avec quoi fait-on une omelette ?
- Qui produit des œufs ?
- Que faut-il pour faire du pain ?

Un enfant qui mange une pomme. Certains végétaux se mangent sans préparation.

La chair

Le jus

Document 1 : La pomme et les produits qu'elle permet de fabriquer.

La tarte aux pommes

La compote de pommes

Le cidre

Le jus de pomme

▶ Des végétaux

L'homme mange des végétaux qu'il cueille dans la nature : les fruits sauvages, les champignons... Il cultive aussi des plantes : les céréales, les légumes et les fruits. Souvent, il les transforme pour fabriquer d'autres produits : le pain, la soupe, la confiture...

Objectif : Comprendre que l'homme a besoin des animaux et des plantes pour vivre.

nos aliments ?

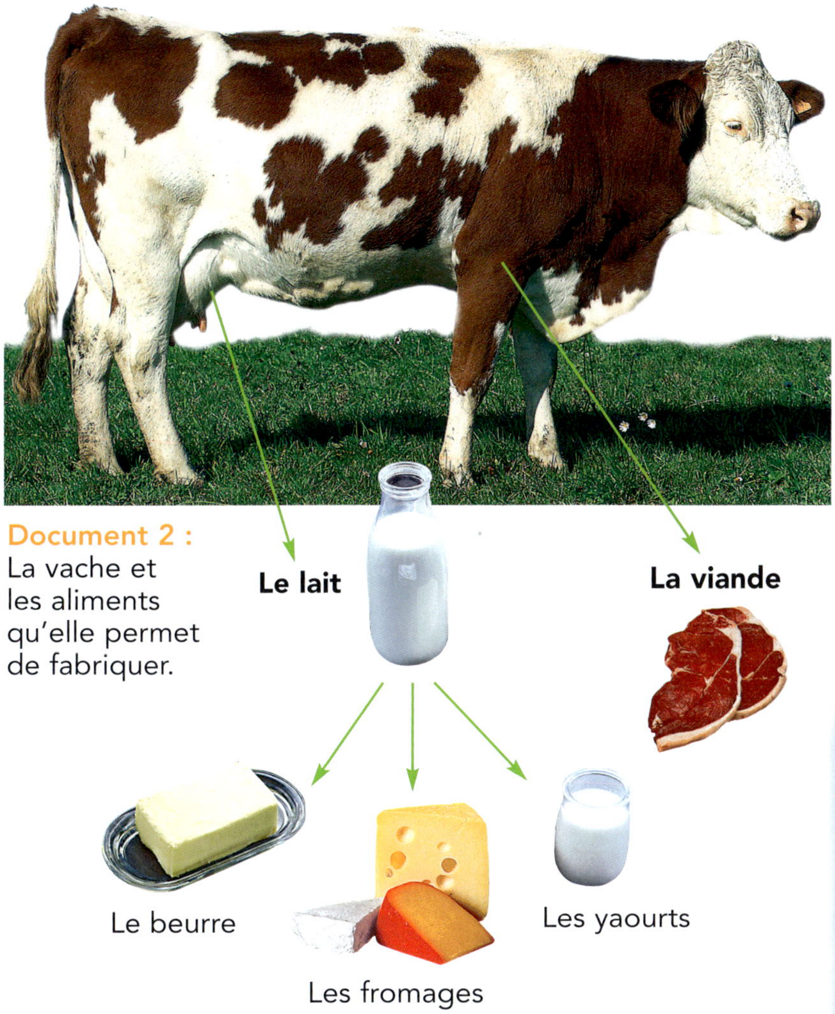

Document 2 : La vache et les aliments qu'elle permet de fabriquer.

▶ Des animaux

L'homme chasse, pêche ou élève des animaux pour manger leur chair : les vaches, les porcs, les poules, les poissons...
Il récolte aussi les produits qu'ils donnent : la viande, le lait, les œufs, le miel... Avec ces produits, l'homme fabrique d'autres aliments comme le beurre, le fromage, le saucisson...

Atelier

• Prends une feuille de papier et divise-la en quatre parties. Dans l'une des cases, dessine un épi de maïs, dans l'autre une tomate, dans la troisième un porc et dans la dernière une chèvre. Puis dessine dans chacune des cases les produits que l'homme fabrique à partir de ces végétaux ou de ces animaux. Compare ton dessin à celui de tes camarades et complète-le si nécessaire.

Questions

1. Explique quelles sont les différentes façons de manger une pomme (Document 1).
2. Observe le Document 2.
• Que donne la vache ?
• Quels produits sont fabriqués à partir du lait de la vache ?

JE RETIENS

• L'homme mange les plantes qu'il cultive ou les animaux qu'il élève.
• Il transforme les aliments et les mange sous des formes très variées.

LE VIVANT

8. Comment naissent

Cherchons ensemble

- Quels animaux pondent des œufs ?
- Une souris naît-elle dans un œuf ou d'une autre façon ?
- Quels autres animaux naissent comme la souris ?

Document 1 : Une coccinelle qui pond des œufs.

Document 2 : La naissance d'un crocodile.

Document 3 : La naissance d'un poisson.

▸ Les animaux qui viennent d'un œuf

Chez les oiseaux, les poissons, les reptiles, les insectes et d'autres animaux, la mère pond des œufs. Parfois, elle les couve pendant plusieurs semaines ou plusieurs mois jusqu'au moment où les petits sont prêts à sortir. Ils brisent alors l'enveloppe de l'œuf : c'est l'éclosion.

Objectif : Reconnaître une manifestation de la vie animale : la naissance.

les animaux ?

▶ Les animaux qui viennent du ventre de leur mère

Chez les mammifères, le petit animal se forme et grandit pendant plusieurs mois dans le ventre de la mère jusqu'au moment où il est prêt à naître. Après sa naissance, la mère le nourrit avec son lait.

Document 4 : La naissance de plusieurs chatons.

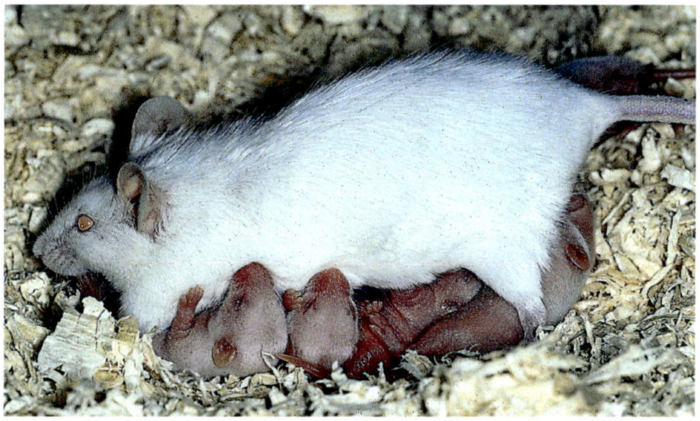

Document 5 : Une souris qui allaite ses petits souriceaux.

Atelier

- Par petits groupes, classez des animaux dans un tableau à 2 colonnes : ceux qui naissent dans un œuf / ceux qui naissent autrement. Placez-y aussi les noms des animaux que le maître dicte : l'éléphant, le dauphin, le moineau, le crocodile, la girafe, l'autruche, le pingouin, le lion, le gorille...

Questions

1. Où la coccinelle pond-elle ses œufs (Document 1) ?
2. Quelle est la première partie du corps de l'animal qui sort de l'œuf (Documents 2 et 3) ?
3. Combien comptes-tu de chatons (Document 4) ?
4. Que fait la maman souris (Document 5) ?

JE RETIENS

- À leur naissance, certains animaux (oiseaux, poissons, reptiles, insectes...) sortent d'un œuf.
- Les mammifères sortent du ventre de leur mère.

9. Comment grandissent

Cherchons ensemble

- Comment s'appelle un agneau quand il devient adulte ?
- Quelle différence fais-tu entre un poussin et un coq ?
- En quoi se transforme une chenille ?

Document 1 : Un manchot adulte et son petit.

▶ Du petit à l'adulte

Les animaux sont des êtres vivants. Ils naissent et grandissent. Ils sont d'abord petits, puis ils deviennent adultes. Leur corps change : leur taille augmente et parfois leur couleur varie. Quelquefois aussi, il leur pousse des cornes ou des défenses…

Document 2 : Un agneau.

Document 3 : Un agneau devenu adulte, le bélier.

les animaux ?

Objectif : Découvrir une des manifestations de la vie animale : la croissance.

Document 4 : Un têtard.

Document 5 : Une grenouille.

Des transformations spectaculaires

En grandissant, certains animaux changent complètement de forme : le têtard devient une grenouille, la chenille devient un papillon... On parle de métamorphose.

A : Une chenille.

B : Une chrysalide.

C : La naissance du papillon.

D : Un papillon.

Document 6 : La transformation d'une chenille en papillon.

Questions

1. Observe le Document 1.
• De quelles couleurs sont les plumes du petit manchot ? et celles du manchot adulte ?
• Qu'y a-t-il comme autre différence entre ces deux manchots ?

2. Compare les Documents 2 et 3. Quelles sont les différences entre l'agneau et le bélier ?

3. Compare le têtard (Document 4) à la grenouille (Document 5). Que peux-tu dire ?

4. Observe la transformation de la chenille en papillon (Document 6). Quelles différences y a-t-il entre la chenille (A) et le papillon (D) ?

Atelier

Cherche des noms de petits d'animaux : le poussin, le veau, le chiot, le poulain... et écris-les en colonne. Puis note à côté les noms du père et de la mère : le poussin – le coq – la poule.

JE RETIENS

• Les animaux grandissent. Ils changent de taille et de couleurs.
• Certains se transforment complètement : ils se métamorphosent.

Le poussin est un être vivant. Il naît, grandit et devient un adulte.
Observe le film de la vie d'un poussin et découvre les différentes étapes de sa transformation.

Une poule couve ses œufs pendant 21 jours.

La naissance du poussin

Document 1 : Le poussin frappe la coquille avec son bec. La coquille se fend, puis un petit morceau se détache.

Document 2 : Le poussin brise complètement la coquille.

Document 3 : Le poussin sort de la coquille.

Document 4 : Le poussin est né.

GRANDIR UN POUSSIN

La croissance du poussin

Document 5 : 1er mars, le poussin se met debout. C'est un mâle ou une femelle. Dès le premier jour de sa naissance, le poussin mange des petits vers de terre et des graines. Il mesure 10 cm.

Document 6 : 1er avril, le poussin a grandi. Son duvet jaune s'est transformé en plumes blanches. Il est devenu un poulet ou une poulette. Il mesure 20 cm.

Document 7 : 1er mai, le poulet est devenu un coq. Il a une crête rouge et de belles plumes. Il mesure 40 cm.

Document 8 : 1er mai, la poulette est devenue une poule adulte. Elle peut à son tour pondre des œufs. Elle mesure 30 cm.

Questions

1. Observe les Documents 1 et 2. Que fait le poussin avec son bec ?
2. Comment sont les plumes du petit poussin (Documents 3 et 4) ?
3. Observe attentivement les étapes de la croissance du poussin (Documents 5, 6, 7 et 8). Quels principaux changements vois-tu (taille, forme, couleurs) ?
4. Quelles sont les différences entre le coq et la poule (Documents 7 et 8) ?

Atelier

- Prends une feuille et dessine une poule à partir d'un œuf en suivant le modèle ci-dessous.

10. Comment se nourrissent

Cherchons ensemble

- Quels animaux mangent des fruits ?
- Que mange une vache ?
- Comment le lion obtient-il sa nourriture ?

Document 1 : Un ver dans une pomme.

Document 2 : Un éléphant qui attrape des feuilles.

▶ Les carnivores et les herbivores

Les animaux ont besoin de boire et de se nourrir pour vivre.

- Certains animaux ne mangent que de la viande. Pour se nourrir, ils chassent. Ce sont des carnivores.
- D'autres animaux ne mangent que des végétaux : de l'herbe, des feuilles, des racines... Ce sont des herbivores.

Document 3 : Une lionne qui chasse.

les animaux ?

Objectifs : Découvrir les différentes façons dont se nourrissent les animaux et comprendre que c'est un moyen de les classer.

▶ Les omnivores

Quelques animaux sont comme les hommes : ils mangent tantôt de la viande, tantôt des plantes selon la saison ou selon ce qu'ils trouvent. Ce sont des omnivores.

Document 5 : Un hérisson qui mange un serpent.

Document 4 : Un hérisson qui mange un champignon.

Questions

1. Observe le Document 1. Qui est mangé : le ver ou la pomme ?
2. Que mange l'éléphant (Document 2) ?
3. Que fait cette lionne (Document 3) ? Pourquoi ?
4. Compare les Documents 4 et 5. Que t'apprennent-ils sur le hérisson ?
5. Comment appelle-t-on les animaux qui mangent à la fois des végétaux et de la viande ? En connais-tu ?

Atelier

- Prends une feuille de papier et divise-la en 3 parties : une pour les carnivores, une pour les herbivores et une pour les omnivores. Cherche ensuite dans des magazines des photographies d'animaux et colle-les au bon endroit.

JE RETIENS

- Tous les animaux ont besoin de boire et de se nourrir pour vivre.
- Selon ce qu'ils mangent, ils sont carnivores, herbivores ou omnivores.

11. Comment se déplacent

Cherchons ensemble

- Comment se déplacent les oiseaux ?
- Qu'utilise un poisson pour se déplacer ?
- Que peut faire un animal pour se déplacer sur le sol ?

Document 1 : Un canard qui vole dans les airs.

Document 2 : Un canard qui flotte sur l'eau.

Document 3 : Un canard qui marche sur le sol.

▶ Selon leur milieu de vie

Les animaux se déplacent de façons différentes selon leur milieu de vie :

- sur terre, ils marchent, courent, sautent ou rampent ;
- dans l'air, ils volent ;
- dans l'eau ou sur l'eau, ils nagent.

Souvent, ils se déplacent d'un milieu de vie à un autre : ils peuvent à la fois voler et marcher, marcher et nager…

les animaux ?

Objectifs : Découvrir les différentes façons dont se déplacent les animaux et comprendre que c'est un moyen de les classer.

Selon leurs moyens

- La plupart des animaux ont des pattes : 2, 4, 6, 8 ou 10 selon les espèces. Elles permettent de marcher, de courir, de sauter et parfois de nager.
- Les oiseaux et certains insectes volent grâce à des ailes. Elles leur permettent de s'appuyer sur l'air.
- Les poissons se déplacent dans l'eau grâce à leurs nageoires et à leur queue.
- Certains reptiles n'ont ni pattes, ni ailes, ni nageoires. Pour se déplacer, ils rampent sur le sol.

Document 4 : Un guépard qui court.

Document 5 : Une abeille qui vole.

Document 6 : Un poisson qui nage.

Document 7 : Un serpent qui rampe.

Questions

1. Observe les Documents 1, 2 et 3.
   - Que fait ce canard ?
   - Quels moyens utilise-t-il pour se déplacer ?
2. Que fait ce guépard (Document 4) ?
3. Cette abeille vole (Document 5). Est-ce un oiseau ou un insecte ? Pourquoi ?
4. Dans quel milieu le poisson se déplace-t-il (Document 6) ?
   - Grâce à quoi peut-il se déplacer ?
5. Comment fait ce serpent pour se déplacer (Document 7) ?

Atelier

- Cherche dans des magazines des photographies d'animaux. Classe-les selon les façons dont ils se déplacent : il court, il vole, il rampe, il saute, il nage.
- Cherche quelques animaux particuliers : un oiseau qui ne vole pas, un mammifère qui ne sait que nager...

JE RETIENS

- Les animaux se déplacent différemment selon leur milieu de vie : sur terre, dans l'air ou dans l'eau.
- Selon les espèces, ils ont des pattes, des ailes ou des nageoires pour marcher, courir, sauter, voler ou nager.

Un lapin est un animal. C'est un être vivant qui a besoin d'air, d'eau et de nourriture. Tu peux trouver des lapins dans les champs à la campagne. Tu peux aussi en élever un chez toi à condition de lui donner ce qu'il lui faut pour vivre.

Un lapin s'abrite dans un terrier quand il vit dans la nature. Chez toi, il lui faut un endroit identique.

Quel est son milieu de vie ?
Un endroit protégé, chaud et sec.
→ Il faut :
– placer la cage dans un endroit ni trop froid ni trop chaud ;
– prévoir à l'intérieur une petite maison avec de la paille ;
– nettoyer la cage régulièrement pour la garder propre.

Document 1 : Un lapin devant son terrier.

Document 2 : Un lapin dans sa cage.

UN LAPIN

Un lapin est herbivore. Il ne se nourrit que de plantes.
Tu dois donc lui donner ce qu'il aime manger. Et aussi de l'eau !

Quelle est son alimentation ?
Uniquement des végétaux.
→ Il faut lui donner de l'herbe, des carottes, des feuilles, des graines...

Document 3 : Un lapin qui mange dans la nature.

Document 4 : Un lapin qui mange dans sa cage.

Un lapin a besoin de courir.
Tu dois le faire sortir régulièrement de sa cage. Sinon, il deviendra trop gros et risque de tomber malade.

Document 5 : Un lapin qui court dans les champs.

Questions

1. Observe le Document 1.
• Où vit ce lapin ?
• Comment s'appelle sa maison ?

2. Que faut-il pour qu'un lapin soit confortablement installé chez toi (Document 2) ?

3. Compare les Documents 3 et 4. Que mange un lapin dans la nature ? chez toi ?

4. Observe ce lapin (Document 5). Que fait-il ?
• Pourquoi est-ce important pour lui ?

Atelier

• Renseigne-toi sur l'élevage d'un hamster ou d'un cochon d'Inde.
– Que faut-il lui donner à manger ?
– Que lui faut-il pour bien dormir ?

LE VIVANT

12. Comment naissent

Cherchons ensemble

- Qu'y a-t-il à l'intérieur des fruits ?
- Que faut-il faire pour avoir un marronnier dans son jardin ?
- Que veut dire « germer » ?

Document 2 : Un abricot avec un noyau. La graine est cachée à l'intérieur du noyau.

Document 1 : Des melons. De nombreux pépins se trouvent à l'intérieur. Ce sont les graines.

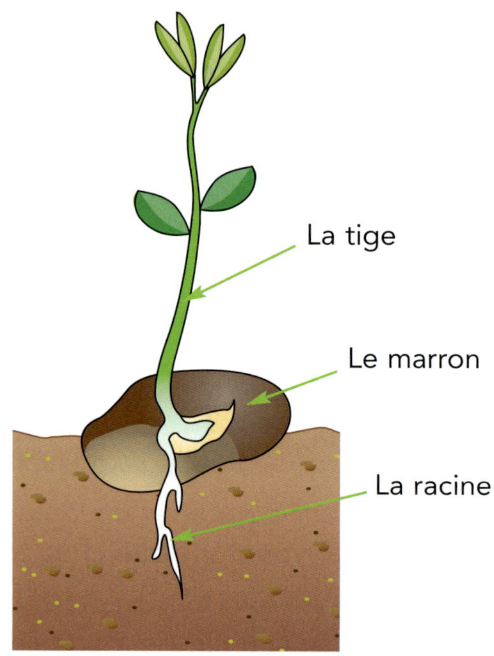

Document 3 : Un marron qui a germé.

▶ Les graines

Les plantes naissent le plus souvent d'une graine. Les graines tombent sur le sol ou sont semées dans la terre. Elles germent : des racines poussent dans le sol et une tige sort de terre. Une nouvelle plante est née.

Objectif : Reconnaître une des manifestations de la vie végétale : la germination.

les plantes ?

▸ Les bulbes et les tubercules

Certaines plantes poussent à partir d'un bulbe.
D'autres se développent à partir d'un tubercule.
Il faut les planter dans la terre pour qu'ils germent et donnent naissance à une nouvelle plante.

Document 5 : Un tubercule de pomme de terre qui a germé.

Document 4 : Un bulbe de tulipe qui a germé.

Questions

1. Observe le Document 1. Où se trouvent les pépins ?
2. Qu'y a-t-il dans le noyau de l'abricot (Document 2) ?
3. Que se passe-t-il quand le marron germe (Document 3) ?
4. Où faut-il planter le bulbe de tulipe pour qu'il germe (Document 4) ?
5. Combien comptes-tu de germes sur ce tubercule de pomme de terre (Document 5) ?

Atelier

- Cherche comment naissent un chêne, un prunier, un oignon. Trouve, pour chaque cas, d'autres plantes qui naissent de la même manière.

JE RETIENS

- La plupart des plantes naissent à partir d'une graine semée dans la terre.
- D'autres plantes naissent à partir d'un bulbe ou d'un tubercule planté dans la terre.

LE VIVANT

13. Comment poussent

Cherchons ensemble

- Que se passe-t-il si on n'arrose pas une plante ?
- Pourquoi les fleurs fanent-elles ?
- À ton avis, de quoi la plante a-t-elle besoin pour pousser ?

Document 1 : Des plantes arrosées par une petite fille.

Document 2 : Une forêt sous la pluie.

Document 3 : Le désert du Sahara où il ne pleut presque jamais.

▶ De l'eau et de la terre

Les plantes sont des êtres vivants. Elles ont besoin d'eau et de nourriture. Leurs racines puisent dans la terre l'eau de pluie ou l'eau d'arrosage et tout ce qui leur est nécessaire pour se nourrir et pour grandir.

les plantes ?

Objectif : Reconnaître les manifestations de la vie végétale : la croissance et les besoins nutritifs.

▶ De la lumière et de la chaleur

Les plantes ont aussi besoin du soleil. Il leur apporte la lumière et la chaleur nécessaires à leur développement.

Document 4 : Un paysage au soleil.

Document 5 : Un paysage du pôle Nord où il fait très froid.

Questions

1. Observe le Document 1. Que fait la petite fille ?
2. Compare les Documents 2 et 3. Dans quel endroit y a-t-il de l'herbe et des arbres ? Pourquoi ?
3. Compare les Documents 4 et 5. Quelle est la différence entre ces deux paysages ?
4. Pourquoi n'y a-t-il pas de plantes qui poussent au pôle Nord (Document 5) ?

Atelier

- Avec tes camarades, prends trois plantes.

– Mets-en deux près de la fenêtre dans la classe. Arrose l'une d'elles régulièrement et l'autre pas du tout.
– Mets la troisième dans une armoire. Arrose-la régulièrement.
Note au bout de 2 ou 3 semaines ce qui s'est passé pour chaque plante.

JE RETIENS

- Les plantes ont besoin d'eau et de terre pour se nourrir et pour pousser.
- Elles ont aussi besoin de lumière et de chaleur pour vivre.

Zoom sur... VOIR

**Le petit pois est une plante. C'est un être vivant.
Il naît, grandit, se reproduit et meurt.
Observe le film de la vie d'un petit pois
et découvre ses différentes transformations...**

La germination du petit pois

Document 1 : 1er mars, la graine de petit pois est semée.

Document 2 : 5 mars, la graine germe, la tige commence à pousser et les racines à s'enfoncer dans le sol.

Document 3 : 10 mars, les feuilles commencent à apparaître à la surface du sol. Les racines se multiplient.

Document 4 : 15 mars, les feuilles se développent. La plante grandit.

POUSSER UN PETIT POIS

La reproduction du petit pois

Document 5 :
La plante donne naissance à une fleur.

Document 6 :
La fleur se transforme en une gousse.

Document 7 :
La gousse grossit et se remplit de graines.

Document 8 : À l'intérieur de la gousse, les graines de petits pois pourront à leur tour être semées et donner naissance à de nombreux petits pois.

Questions

1. Observe le Document 1. Que vois-tu ?
2. Décris la croissance de cette nouvelle plante (Documents 2, 3 et 4).
3. À quoi la plante donne-t-elle naissance (Document 5) ?
4. D'où vient la gousse (Document 6) ?
5. Que contient la gousse (Document 7) ?
6. Combien y a-t-il de petits pois (Document 8) ?

Atelier

- Apporte en classe des graines de haricots, de petits pois ou de lentilles et place-les sur du coton humide. Note au bout de combien de jours chaque sorte de graines se met à germer. Quand les racines et les tiges commencent à apparaître, plante les graines dans la terre. Arrose-les régulièrement et note les étapes de la croissance des plantes.

14. Les êtres vivants

LE VIVANT

Cherchons ensemble

- Qu'est-ce qu'une espèce en voie de disparition ?
- Pourquoi est-il interdit de tuer les crocodiles ?
- Quels animaux meurent quand il y a une marée noire ?

Document 1 : Des poissons pêchés en grande quantité.

Document 2 : Un ours polaire sur la banquise qui fond.

▶ Des risques importants

Les hommes menacent la vie des êtres vivants :
- ils chassent et pêchent beaucoup ;
- ils détruisent d'immenses forêts ;
- ils rejettent de nombreux déchets sur terre, dans la mer et dans l'air.

Peu à peu, ils polluent la nature et provoquent le réchauffement de la planète. Les animaux et les plantes disparaissent car ils ne trouvent plus ce dont ils ont besoin pour vivre ou n'arrivent plus à se reproduire.

Document 3 : La destruction de la forêt en Amazonie (Amérique du Sud).

sont-ils menacés ?

Une nature protégée

Depuis quelques années, les hommes essaient de protéger la planète. Ils créent des espaces naturels où il est interdit de chasser les animaux et de cueillir les plantes. Dans certaines régions, ils ramènent les espèces animales et replantent les espèces végétales qui avaient disparu. Ils luttent contre la pollution en modifiant leurs façons de vivre.

Document 4 : Une réserve naturelle.

Document 5 : Un ours mis en liberté dans les Pyrénées.

Questions

1. Observe le Document 1.
• Que pêchent les hommes ?
• À ton avis, que va-t-il se passer si on continue à pêcher ces poissons en grande quantité ?
2. Pourquoi la vie de cet ours blanc est-elle menacée (Document 2) ?
3. Observe le Document 3. À ton avis, que deviennent les animaux qui vivaient dans la forêt ?
4. Que font les hommes pour protéger cet endroit (Document 4) ?
5. D'après toi, pourquoi cet ours est-il amené à cet endroit (Document 5) ?

Atelier

• Fais une recherche dans les journaux ou sur Internet pour trouver quels animaux sont menacés de disparition. Découvre pourquoi ils sont en danger et classe-les selon le danger qui les menace.

JE RETIENS

• Les activités des hommes provoquent la disparition de beaucoup de plantes et d'animaux.
• Aujourd'hui, on essaie de protéger la nature et les êtres vivants.

SAVOIR... RECONNAÎTRE

1 Observe ce corps humain.

1. Associe chaque nom ci-dessous à un numéro sur le dessin.

- Le pied.
- Le ventre.
- Le coude.
- La bouche.
- Le genou.
- Le bras.
- L'œil.
- Le poignet.
- La poitrine.
- La cheville.
- L'épaule.
- La main.
- La hanche.
- La tête.
- La jambe.

2. Montre les 6 articulations sur le dessin et nomme-les.

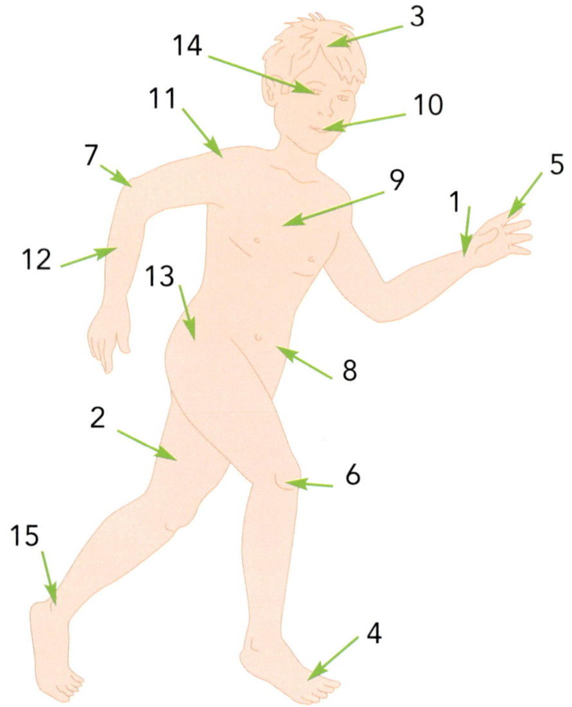

2 Voici quatre animaux.

1 : Une lionne.

2 : Un écureuil.

3 : Un crapaud.

4 : Un serpent.

Associe chacun d'eux à ce qu'il mange.

A : Une souris.

B : Une mouche.

C : Des noisettes.

D : Une antilope.

3 **Observe ces dessins et place dans l'ordre les étapes de la vie de cet arbre.**

1 : L'arbre donne des fruits.

2 : L'arbre pousse.

3 : La graine germe.

4. L'arbre fleurit.

4 **Indique quels documents montrent un être vivant.**
Précise s'il s'agit d'un être humain, d'un animal ou d'une plante.

1 : Un ballon.

2 : Une fleur.

3 : Une araignée.

4 : Un singe.

5 : Un enfant.

6 : Un caillou.

7 : Un poisson.

8 : Un arbre.

Atelier

• Écris une vingtaine de noms d'animaux dans un tableau comme celui ci-dessous.
Fais une croix dans les colonnes qui conviennent. Note des particularités si c'est nécessaire.

	marche	saute	vole	nage	rampe	autre...
Le canard	X		X	X		
Le chimpanzé	X	X				passe d'arbre en arbre au moyen de ses bras

L'atelier des artistes

Document 1 : « Les Trois Âges », peinture de Jules Scalbert (19e – 20e siècles).

1. Pourquoi ce tableau (Document 1) fait-il penser à une photographie ?

2. Quels sont les trois âges représentés dans le tableau ?

Des yeux pour voir

Des yeux pour voir
Le jour, le soir,
Le petit loir,
Les raisins noirs,
Les raisins verts
Et les éclairs
Dans le miroir.

Des yeux pour voir
Le ciel du soir,
La lune rouge
Un arbre noir...

Des yeux pour voir
Les cheveux blonds
Les cheveux noirs
Les cheveux blancs,
L'ombre du soir.

Des yeux pour voir
Un cœur qui tremble,
Une main tendre.

Une poule sur un mur

Une poule sur un mur
A pondu quatorze œufs frais.
Mais pendant qu'elle pondait,
Le soleil d'août les cuisait.

Une poule sur un mur
A couvé quatorze œufs durs.
Il en sortit des poulets
Aussi durs que des galets.

À peine nés, ils roulèrent
Pesamment jusqu'au ruisseau
Malgré les cris de leur mère
Éplorée au bord de l'eau.

C'est depuis lors que l'on voit,
Folle encor de désarroi,
Une poule sur un mur
Qui picote du pain dur,

C'est depuis lors que l'on voit
– Picoti et picota –
Une poule qui cent fois
Grimpe au mur et saute en bas.

Maurice Carême, *in À cloche-pied*,

Document 2 : « Paradis 2 », peinture (20e siècle).

1. Observe cette peinture (Document 2). Que représente-t-elle ?

2. Que remarques-tu à propos des couleurs ?

Atelier

- Va chercher dans la nature différents éléments : feuilles, mousses, pétales de fleurs… Colle-les sur une grande feuille de carton de façon à représenter un paysage. Si nécessaire, complète ton tableau avec des formes peintes.

La matière

1. Qu'y a-t-il dans

Cherchons ensemble

- Ta trousse est-elle en tissu ou en plastique ?
- En quoi est fabriqué un crayon à papier ?
- As-tu des objets en métal ?

Une écolière. Dans son cartable il y a tous ses outils pour travailler.

Document 1 : Des ciseaux en métal et en plastique.

Document 2 : Une trousse en tissu avec une fermeture Éclair en plastique et en métal.

Document 3 : Une gomme en caoutchouc.

Document 4 : Un taille-crayon en plastique avec une lame en métal.

▶ Des outils variés

À l'école, tu écris, tu colories, tu découpes, tu mesures, tu gommes... Tu utilises des outils différents pour chaque activité : des crayons pour dessiner, des ciseaux pour découper, une règle pour mesurer et tracer des traits droits...

Objectifs : Découvrir que les outils sont adaptés à leur utilisation et connaître différentes matières.

ton cartable ?

Des matières différentes

Quand tu regardes et quand tu touches tes outils, tu remarques qu'il y en a des souples et des durs, des lisses et des rugueux, des chauds et des froids… C'est parce qu'ils sont fabriqués avec des matières différentes : le tissu, le papier, le bois, le métal, le plastique…

Document 7 : Des crayons en bois.

Document 5 : Une règle en bois.

Document 6 : Un cahier en papier avec une spirale en métal.

Questions

1. Observe ces différents outils d'écolier (Documents 1 à 7). De quelles couleurs sont-ils ?
2. Quelles matières composent cette trousse (Document 2) ?
3. En quelle matière est la gomme (Document 3) ?
4. À quoi sert une règle (Document 5) ?
5. Quel est le point commun entre des ciseaux (Document 1) et un taille-crayon (Document 4) ?
6. Dans ces deux pages, combien y a-t-il d'objets qui sont en bois ? en métal ? en plastique ?

Atelier

- Par équipes, cherchez dans la classe :
  – des objets composés d'une seule matière ;
  – des objets composés de plusieurs matières.

Écrivez leur nom, leur utilisation, les matières qui les composent, puis comparez votre liste à celles des autres équipes.

JE RETIENS

- Les outils des écoliers servent à écrire, à dessiner, à mesurer, à couper…
- Ils sont fabriqués avec différentes matières : le bois, le métal, le plastique, le papier, le tissu…

2. D'où proviennent

Cherchons ensemble

- Où peux-tu trouver du bois ?
- En quoi ton pull-over est-il fait ?
- Avec quoi fabrique-t-on du plastique ?

De la laine.

Des chaussures en cuir.

Document 1 : Un mouton et ce qu'il permet de fabriquer.

Document 2 : Une carrière de craie.

Document 3 : De la craie utilisée pour écrire.

▶ Des matières naturelles

Certains objets sont faits de matières naturelles. Ces matières proviennent de la nature : de roches comme la craie et le fer, de plantes comme le bois, ou d'animaux comme la laine et le cuir.

Objectif : Découvrir d'où proviennent les différentes matières.

les matières ?

Document 4 : Un puits de pétrole. Il permet aux hommes d'aller chercher le pétrole qui se trouve dans le sol.

Document 5 : Une poubelle en plastique.

▶ Des matières créées par les hommes

Il existe aussi des objets faits avec des matières que les hommes ont créées. Elles viennent de la transformation de matières naturelles : le papier est fabriqué à partir du bois ; le plastique est produit à partir du pétrole.

Document 6 : Des couverts en plastique emballés dans un sachet en plastique.

Atelier

- Par petits groupes, cherchez le plus grand nombre d'objets fabriqués à partir du bois. Dessinez-les ou collez leurs photographies sur une grande feuille, comme ci-contre.

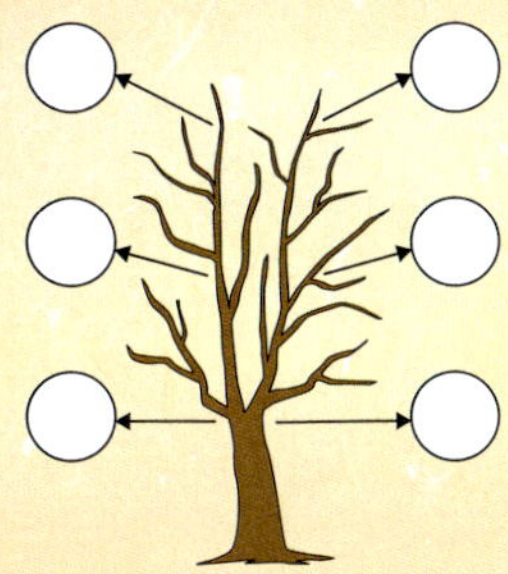

Questions

1. Que permet de produire le mouton (Document 1) ?
2. D'où vient la craie qu'utilise la petite fille (Documents 2 et 3) ?
3. À quoi sert un puits de pétrole (Document 4) ?
4. Quelle matière fabrique-t-on à partir du pétrole (Documents 5 et 6) ?

JE RETIENS

- Les hommes fabriquent des objets à partir des matières qu'ils trouvent dans la nature.
- Parfois, ils transforment les matières naturelles pour créer d'autres matières.

3. Les ressources de la Terre

Cherchons ensemble

- Que produit la Terre ?
- Qui est responsable de la Terre ?
- Qu'est-ce qui peut polluer l'air ?

Document 1 : La mer d'Aral asséchée (Asie).

Document 2 : La pollution de l'air à Paris (France).

▶ Des richesses naturelles en danger

La Terre donne aux hommes l'air, l'eau et de nombreuses autres richesses qui lui permettent de vivre.
Mais souvent les hommes gaspillent ou polluent les ressources naturelles : ils détruisent les forêts, ils assèchent les rivières, ils épuisent les réserves de pétrole, ils rejettent des déchets dans la nature, dans l'air et dans les océans…

Objectif : Comprendre les enjeux de l'exploitation raisonnée des ressources naturelles.

sont-elles inépuisables ?

Document 3 : Des éoliennes qui produisent de l'électricité.

▶ Des ressources à préserver

Pour éviter le gaspillage et la pollution et pour aider la nature à se renouveler, les hommes essaient :
- de replanter des arbres ;
- de consommer moins d'eau et d'électricité ;
- de produire de l'énergie renouvelable en utilisant des éoliennes ou des panneaux solaires ;
- de recycler les matières comme le papier, le verre ou le métal...

Document 4 : Le recyclage des bouteilles en plastique.

Questions

1. Observe le **Document 1**. Qu'est-ce qui a disparu ?
2. Quelle ressource naturelle les hommes polluent-ils dans le **Document 2** ?
3. Avec quoi les éoliennes fonctionnent-elles **(Document 3)** ?
   - Que produisent-elles ?
   - D'après toi, pourquoi parle-t-on d'énergie renouvelable ?
4. Observe le **Document 4**.
   - Que fait cette personne ?
   - À ton avis, à quoi cela sert-il de recycler des bouteilles en plastique ?

Atelier

- Cherche ce que tu peux faire chez toi pour diminuer ta consommation d'eau, d'électricité, de gaz... et protéger la planète.

JE RETIENS

- Les ressources naturelles de la Terre sont immenses, mais elles sont gaspillées et polluées par les hommes.
- Pour les préserver, les hommes essaient de réduire leur consommation, de produire de l'énergie autrement et d'aider la nature à se renouveler.

Zoom sur... FABRIQUER

Tu utilises beaucoup de papier... Sais-tu que la fabrication du papier est une technique inventée par les Chinois il y a très longtemps ? À l'époque, c'était un secret. Aujourd'hui, tout le monde peut fabriquer du papier, même toi !

Les vieux papiers, les emballages ou les cartons sont de plus en plus souvent récupérés pour faire de nouveaux papiers ou cartons : c'est le recyclage.

La fabrication de la pâte à papier

Document 1 : Les arbres de la forêt sont coupés et transportés dans l'usine qui fabrique le papier.

Document 2 : Les rondins de bois sont « râpés » pour faire des petits morceaux, puis de la poudre.

Document 3 : La poudre de bois est trempée et lavée dans l'eau jusqu'à obtenir une pâte propre.

La production des feuilles de papier

Document 4 : La pâte à papier est étendue sur un tamis, puis pressée pour enlever l'eau et former des feuilles.

Document 5 : Les feuilles sont séchées et passées entre deux lourds rouleaux pour rendre le papier bien lisse.

Document 6 : Les feuilles sont enroulées et mises en bobines.

Questions

1. Observe le Document 1. Avec quelle matière est fabriquée le papier ?
2. Que faut-il faire pour obtenir de la pâte à papier ? Décris les Documents 2 et 3.
3. À quoi sert le rouleau de cette machine (Document 4) ?
4. Comment le papier est-il rendu bien lisse (Document 5) ?
5. Qu'est-ce qu'une bobine de papier (Document 6) ?

Atelier

- Fabrique un tamis avec un cadre en bois et une grille fine en plastique. Déchire de vieux journaux en tout petits bouts, laisse-les tremper pendant 1 heure dans un seau d'eau, puis essore-les en faisant des boulettes. Déchire-les encore jusqu'à obtenir des miettes. Délaie-les dans de l'eau pour obtenir une pâte épaisse.

Mets cette pâte à papier dans une grande bassine et plonge le tamis dedans. Ressors le tamis bien droit et égoutte-le. Une fine couche de pâte reste sur le tamis. Retourne le tamis sur un torchon et fais tomber la pâte délicatement. Il ne reste plus qu'à attendre que ta première feuille de papier recyclé sèche !

4. Où y a-t-il

LA MATIÈRE

Cherchons ensemble

- Pourquoi les feuilles des arbres bougent-elles ?
- Comment fais-tu pour te sécher les cheveux ?
- Avec quoi gonfles-tu un ballon ?

Document 2 : Une petite fille qui souffle sur un moulin à vent.

Document 1 : Deux personnes en parachute.

Document 3 : Une manche à air qui indique aux avions le sens du vent.

▶ De l'air à l'extérieur

L'air est partout autour de toi. C'est un gaz invisible et sans odeur. Tu peux le sentir sur ton corps quand il y a du vent ou quand tu souffles sur ta peau…
Le vent, c'est de l'air qui se déplace. Il peut changer de direction. L'air permet aux oiseaux, aux avions et aux parachutes de voler.

Objectif : Appréhender la présence de l'air qui est autour de soi.

de l'air ?

▶ De l'air à l'intérieur

Quand tu souffles dans un ballon,
il gonfle. Le ballon se remplit d'air.
Et quand tu vois une bouteille vide,
en fait elle est pleine… d'air.
Si tu la plonges dans l'eau,
tu verras des bulles d'air en sortir.

Document 4 : Une petite fille qui remplit d'air une bulle de savon.

A : La bouteille semble vide.

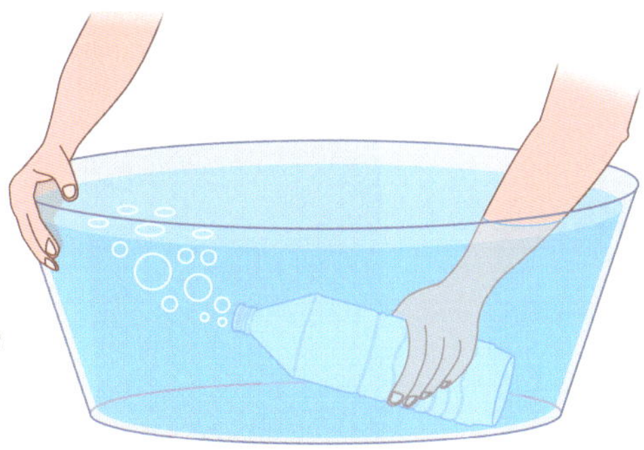

B : Plongée dans l'eau, la bouteille se vide de son air.

Document 5 : Une expérience qui montre la présence de l'air dans une bouteille.

Atelier

- Prends un verre et place-le, retourné, au fond d'une bassine. Appuie bien dessus et remplis la bassine d'eau. Que remarques-tu ? Retourne le verre dans l'eau. Explique ce que tu vois.

- Avec tes camarades, imagine d'autres expériences montrant la présence de l'air.

Questions

1. Comment sais-tu qu'il y a de l'air autour de toi **(Documents 1, 2 et 3)** ?
2. De quelle couleur est l'air ?
3. À quoi sert une manche à air **(Document 3)** ?
4. De quoi est remplie la bulle de savon **(Document 4)** ?
5. Comment fais-tu pour savoir qu'il y a de l'air dans une bouteille vide **(Document 5)** ?

JE RETIENS

- L'air se trouve partout.
- Il n'a pas de couleur, il n'a pas d'odeur, mais on le sent quand il y a du vent ou que l'on respire.

5. À quoi sert

Cherchons ensemble

- Comment sais-tu s'il fait chaud ou froid dehors ?
- Que fais-tu pour voir si l'eau de ton bain est à la bonne température ?
- Que t'arrive-t-il quand tu es malade ?

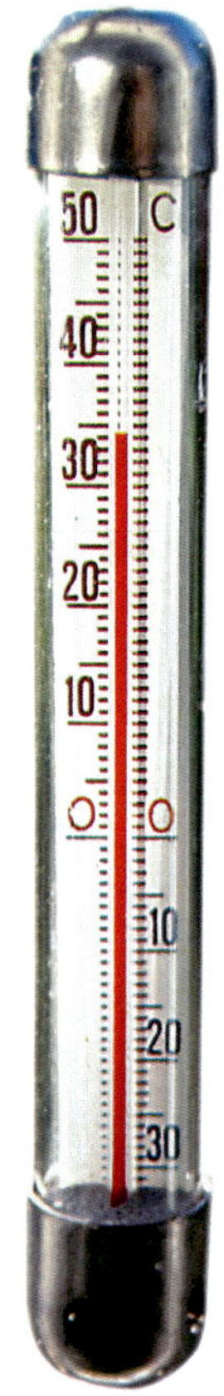

Document 1 : Un thermomètre qui affiche 34 °C (degrés). Il fait chaud.

Document 2 : Un thermomètre numérique qui affiche 4 °C (degrés). Il fait froid.

Document 3 : Un thermomètre de bain pour mesurer la température de l'eau.

▶ Mesurer la température d'un lieu

La température se mesure en degrés (°C) à l'aide d'un thermomètre.
C'est souvent un tube qui contient un liquide coloré. Plus il fait chaud, plus le liquide monte dans le tube.
Il existe aussi des thermomètres numériques qui affichent la température sur un cadran.

Objectif : Comprendre le fonctionnement et l'utilité d'un thermomètre.

un thermomètre ?

Pour savoir si on est malade et si on a de la fièvre, il faut prendre sa température.

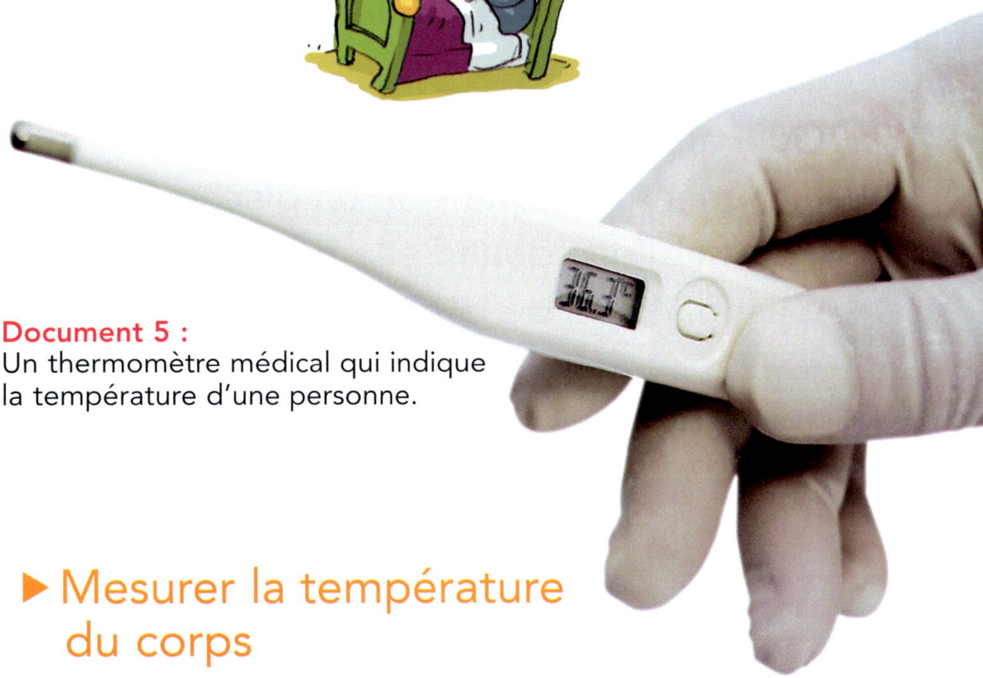

Document 5 : Un thermomètre médical qui indique la température d'une personne.

▶ Mesurer la température du corps

Certains thermomètres sont faits pour mesurer la température de ton corps. Quand tu vas bien, elle est proche de 37 °C. Mais quand tu es malade, tu as de la fièvre et ta température augmente.

Document 4 : Un thermomètre frontal.

Questions

1. Observe ces thermomètres **(Documents 1 et 2)**. À quoi servent-ils ?
2. Où faut-il mettre le thermomètre pour mesurer la température de l'eau du bain **(Document 3)** ?
3. Quelle indication donne ce genre de thermomètres **(Documents 4 et 5)** ?
4. Pourquoi faut-il prendre sa température quand on pense que l'on est malade ?

Atelier

- Place un thermomètre en différents endroits (dans la cour, au soleil, à l'ombre, dans la classe près de la fenêtre, près d'un radiateur...). Note au fur et à mesure la température qu'il indique. Compare les résultats et classe ces endroits du plus froid au plus chaud.

JE RETIENS

- Un thermomètre mesure en degrés la température de l'air, de l'eau, du corps...
- Quand on est malade, la température du corps augmente : on a de la fièvre.

6. L'eau est-elle

Cherchons ensemble

- Où y a-t-il de l'eau dans la nature ?
- Comment fabrique-t-on un glaçon ?
- Que fait l'eau quand elle bout ?
- Quand y a-t-il de la buée sur les vitres ?

Document 1 : Des chutes d'eau. L'eau coule sur les rochers.

Document 2 : Un iceberg près du pôle Nord. L'eau forme un bloc de glace.

Document 3 : Une source naturelle d'eau chaude. L'eau sort sous forme de vapeur.

▶ Liquide, solide, ou gazeuse ?

Dans la nature, l'eau est le plus souvent liquide comme dans les rivières.
Elle peut être solide : c'est la neige ou la glace.
On la rencontre aussi sous forme de gaz : c'est de la vapeur d'eau.

Objectifs : Connaître les différents états de l'eau et comprendre comment on les obtient.

toujours liquide ?

▶ De 0 à 100 degrés

L'eau change de forme selon la température. Lorsque la température descend en dessous de 0 °C, l'eau devient solide. Au-dessus de 100 °C, l'eau bout et prend la forme d'un gaz. Entre les deux, l'eau est liquide.

Document 4 : De l'eau qui coule d'un robinet.

Document 5 : De l'eau qui bout dans une casserole (+ 100 °C).

Document 6 : De l'eau gelée dans un congélateur (– 5 °C).

Atelier

- Prends une petite bouteille en plastique et remplis-la d'eau au maximum. Place-la dans un congélateur pour qu'elle gèle.
Que remarques-tu ?
Fais-la dégeler dans une bassine d'eau froide.
Mesure la température toutes les 10 minutes jusqu'à ce qu'il n'y ait plus de glace.
Que remarques-tu ?

Questions

1. Observe et compare les Documents 1, 2 et 3.
• Où se trouve l'eau dans la nature ?
• Quelles sont les trois formes que peut avoir l'eau ?
2. Sous quelle forme coule l'eau du robinet (Document 4) ?
3. Que se passe-t-il quand l'eau bout (Document 5) ?
4. Que se passe-t-il quand l'eau gèle (Document 6) ?

JE RETIENS

- L'eau peut être liquide, solide ou gazeuse. Cela dépend de la température.
- En dessous de 0 °C, l'eau se transforme en glace ; au-dessus de 100 °C, elle se transforme en vapeur.

7. Eau propre ou

Cherchons ensemble

- D'où vient l'eau que tu bois ?
- Après ton bain ou ta douche, comment est l'eau ?
- Qu'est-ce qui peut polluer l'eau ?

Document 1 : De l'eau qui vient d'une bouteille.

Document 2 : De l'eau qui vient du robinet.

Document 3 : De l'eau qui coule d'une source.

▶ L'eau propre

Si tu ne veux pas tomber malade, tu ne dois boire que de l'eau potable et te laver ou te baigner dans de l'eau propre. Les animaux et les plantes ont aussi besoin d'eau propre pour vivre.

Objectif : Appréhender la notion de pollution.

eau sale ?

▶ L'eau sale

Chaque jour, tu salis de l'eau en te lavant ou en nettoyant tes affaires. Beaucoup d'usines rejettent des déchets dans les rivières ou dans la mer. Tout cela provoque la pollution de l'eau. L'eau polluée est dangereuse pour la santé. Elle doit être nettoyée dans les stations d'épuration pour redevenir potable.

Document 4 : Une rivière polluée près d'une usine.

Document 5 : Une plage polluée nettoyée à la main par les hommes.

Atelier

• Par équipes, dressez la liste des moments et des activités où vous utilisez de l'eau dans la journée. Complétez vos listes en comparant vos résultats. Essayez de savoir quelle quantité d'eau cela représente par personne et par jour.

Questions

1. Observe les **Documents 1, 2 et 3**.
• Cette eau te semble-t-elle propre ou sale ?
• Que peux-tu faire avec de l'eau propre ? et avec de l'eau potable ?
2. Observe cette photographie **(Document 4)**.
• Qu'y a-t-il près de la rivière ?
• Décris la rivière. Aimerais-tu t'y baigner ? Pourquoi ?
3. Que font ces gens sur la plage **(Document 5)** ?
• À ton avis, que s'est-il passé ?

JE RETIENS

• Les êtres vivants ne peuvent boire que de l'eau potable et doivent utiliser de l'eau propre.
• L'eau polluée est dangereuse pour la santé. Il faut la nettoyer.

Zoom sur... COMPRENDRE

L'eau circule sans cesse. Elle coule, elle s'évapore des mers, elle tombe sous forme de pluie, elle s'enfonce dans la terre. Observe les flèches et découvre son voyage sans fin.

L'eau dans le ciel

A : Le Soleil chauffe l'eau de la mer. De l'eau se transforme en vapeur et monte dans le ciel.

B : La vapeur arrive très haut dans le ciel. Elle se refroidit et se transforme en fines gouttelettes qui forment les nuages.

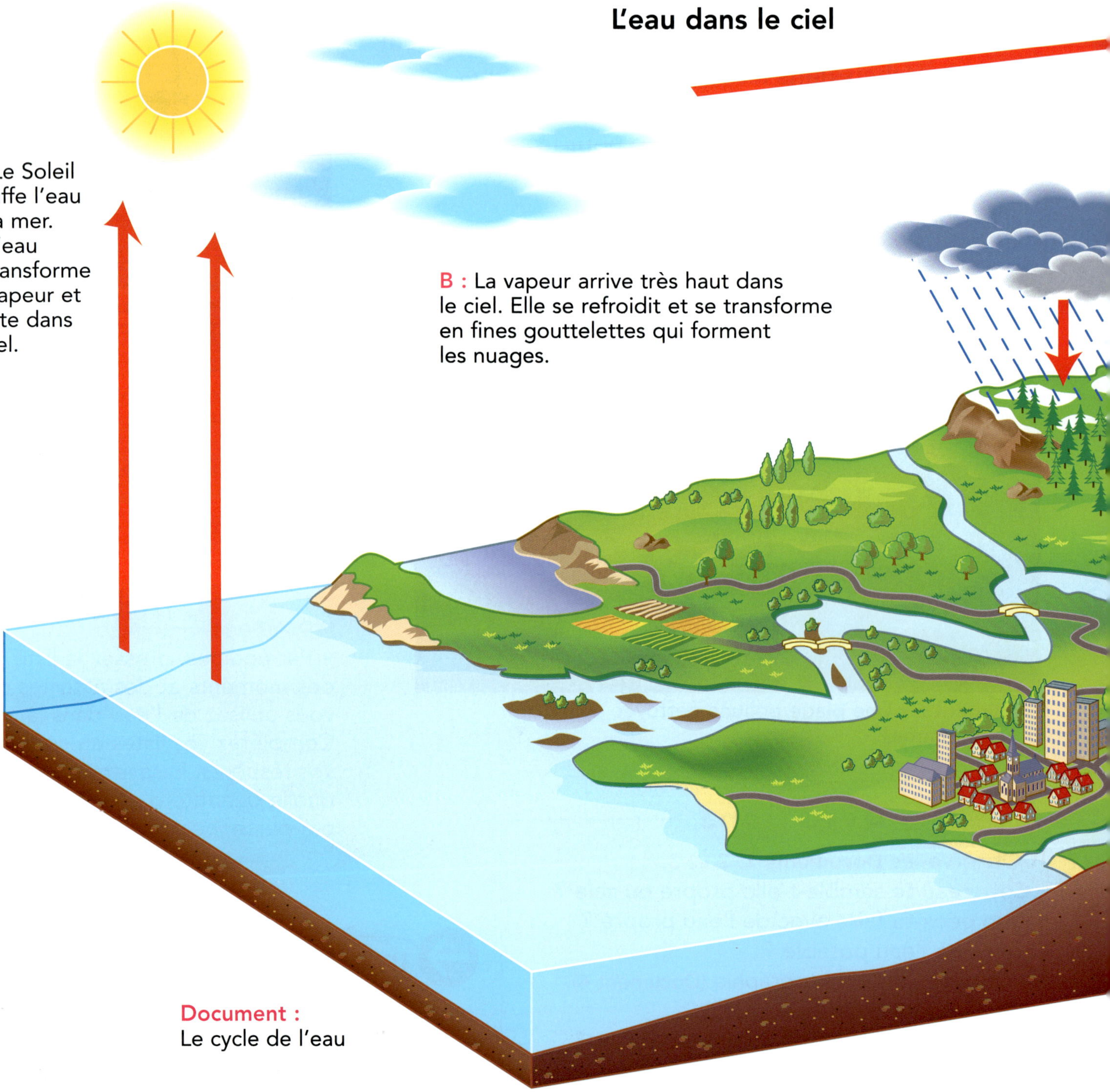

Document :
Le cycle de l'eau

LE CYCLE DE L'EAU

C : Le vent pousse les nuages. Ils arrivent au-dessus des terres. Puis, il pleut, il neige ou il grêle.

Questions

1. Observe le **Document**. Que représente-t-il ?
2. En quoi se transforme l'eau de la mer (A) ?
3. Sous quelle forme se trouve l'eau dans les nuages (B) ?
4. Pourquoi les nuages ne restent-ils pas au-dessus de la mer (C) ?
5. Que fait l'eau qui tombe sur la terre (D et E) ?
6. Où se jettent les fleuves (F) ?

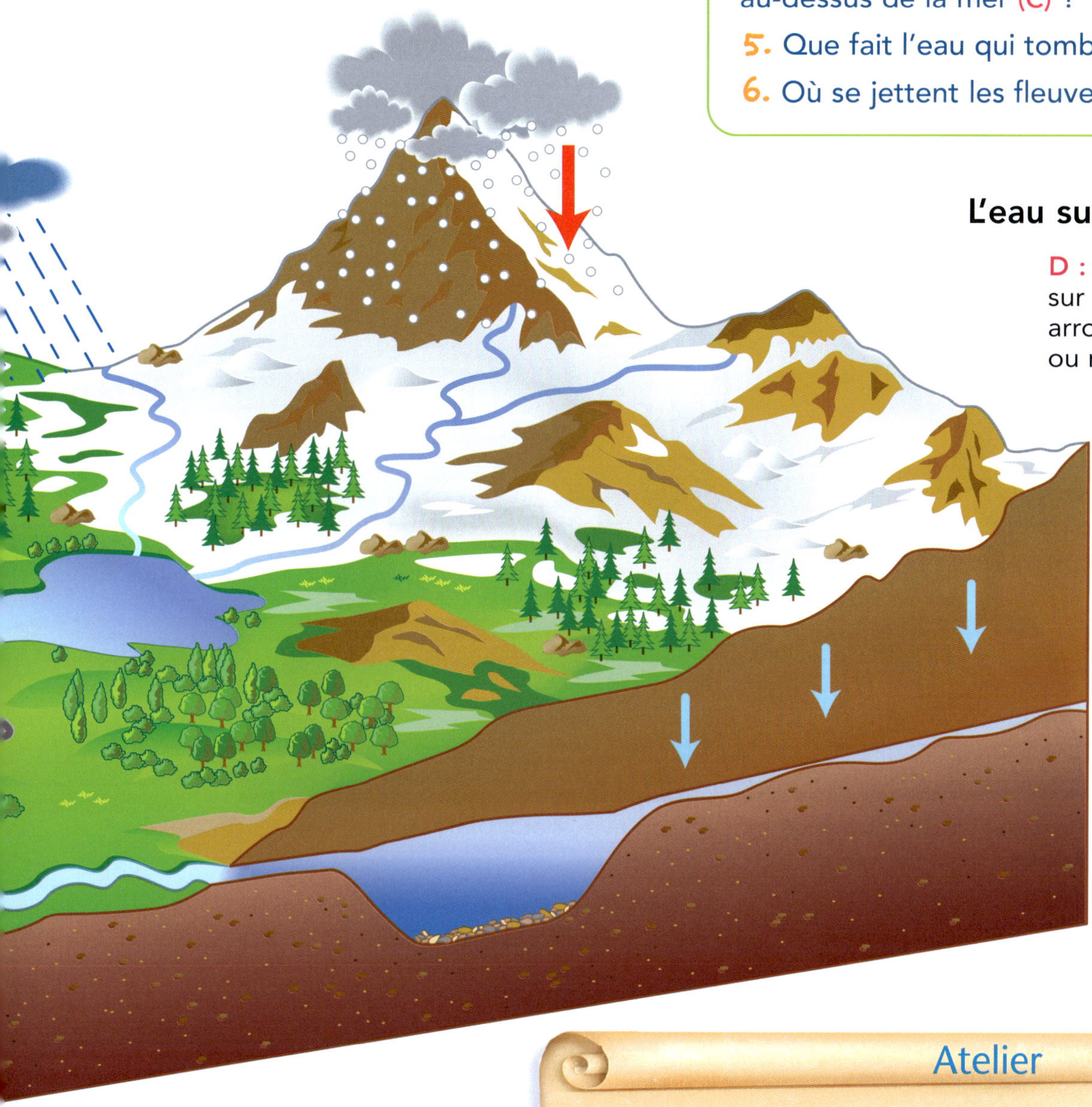

L'eau sur la terre

D : L'eau de pluie tombe sur la terre. Une partie arrose les plantes ou rejoint les rivières.

E : Une autre partie de l'eau s'enfonce dans le sous-sol. Puis, elle rejoint des rivières ou des lacs souterrains.

F : Les rivières se rejoignent et forment des fleuves. Ces fleuves se jettent ensuite dans les mers.

Atelier

- Cherche les noms des cours d'eau (ruisseaux, rivières, fleuves) qui passent dans ta région et renseigne-toi sur leur trajet.
- Cherche aussi s'il y a des eaux souterraines (nappes d'eau, rivières) et des sources.

8. À quoi sert

Cherchons ensemble

- Que fait le marchand de fruits pour peser 1 kg de pommes ?
- Qu'est-ce qui est le plus lourd : un verre plein ou un verre vide ?
- Combien pèses-tu ?

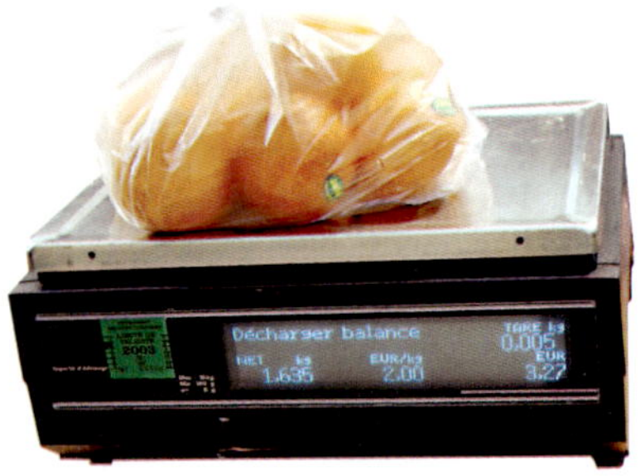

Document 1 : Une balance électrique pour peser les fruits et les légumes.

Document 2 : Une balance mécanique avec deux plateaux (balance Roberval).

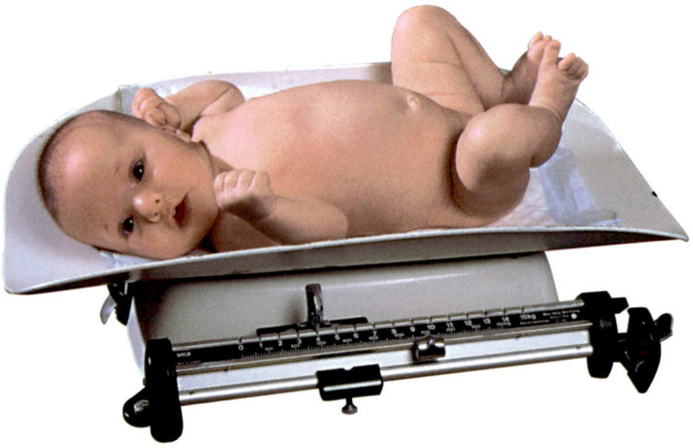

Document 3 : Un pèse-bébé mécanique.

▸ Léger ou lourd ?

Gros ou petits, tous les êtres vivants et tous les objets ont une masse que l'on peut mesurer. Pour les peser, on utilise une balance. Une balance peut être mécanique ou électrique.

une balance ?

Objectif : Connaître quelques instruments de mesure des masses.

Document 4 : Un pèse-lettre.

Des balances différentes

Il existe différentes sortes de balances.
Certaines balances servent à peser les aliments, d'autres à peser les personnes.
Certaines peuvent peser des choses très légères comme les lettres ; d'autres peuvent peser des choses très lourdes comme les camions.

Document 5 : Une bascule pour peser des camions.

Questions

1. Observe le **Document 1**.
- Que fait-on avec cette balance ?
- Où est indiqué le poids ?

2. Observe cette balance **(Document 2)**.
Où se trouve le plateau le plus lourd ?

3. Compare les 5 balances **(Documents 1 à 5)**.
- Quelles sont celles qui sont mécaniques ?
- Quelles sont celles qui sont électriques ?
- Dis ce que l'on peut peser avec chacune de ces balances.

Atelier

- Fais comme une balance. Prends un objet dans chaque main et dis lequel paraît le plus lourd. Vérifie avec une balance.

JE RETIENS

- Tous les êtres vivants et tous les objets ont une masse que l'on peut mesurer.
- Pour les peser, on utilise une balance. Elle peut être mécanique ou électrique.

9. Comment avance

Cherchons ensemble

- Combien une bicyclette a-t-elle de roues ?
- À quoi servent les pédales sur une bicyclette ?
- Que se passe-t-il quand tu es à l'arrêt sur ta bicyclette ?

Document 1 : Un garçon qui fait de la bicyclette.

▶ Les pédales

La bicyclette est un objet mécanique. Quand tu appuies sur les pédales, tu fais tourner la chaîne. Celle-ci entraîne la roue arrière de ta bicyclette et tu avances. La chaîne est reliée à un petit pignon et à un grand pignon qui tournent ensemble à chaque coup de pédales.

Document 2 : La partie arrière d'une bicyclette vue de profil.

une bicyclette ?

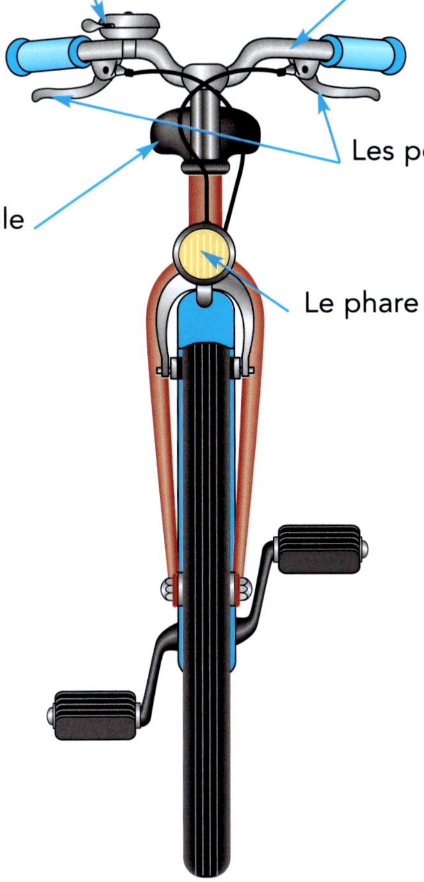

Document 3 : La partie avant d'une bicyclette vue de face.

Le guidon et les freins

Quand tu roules à bicyclette, tu as aussi besoin de pouvoir te diriger et t'arrêter.

- Le guidon te permet de donner une direction à la bicyclette. Tu peux le maintenir droit ou le tourner pour aller à gauche et à droite.
- Les freins te permettent de ralentir ou de stopper la bicyclette. Quand tu appuies sur les poignées de freins, un mécanisme bloque les roues.

Atelier

- Recherche dans des catalogues la photographie d'une bicyclette. Colle-la sur une feuille et indique par des flèches les noms des pièces qui la composent. Demande à la maîtresse ou au maître les noms des pièces que tu ne connais pas.

Questions

1. Observe cette photographie **(Document 1)**.
   - Décris la position de ce cycliste.
   - Que fait-il avec ses jambes ?
2. Sur quoi sont fixées les pédales **(Document 2)** ?
3. À quoi sert le guidon sur une bicyclette **(Document 3)** ?
4. Observe les **Documents 2 et 3**.
   - Combien y a-t-il de freins sur une bicyclette ?
   - Comment les fait-on fonctionner ?

JE RETIENS

- La bicyclette est un objet mécanique.
- Elle fonctionne grâce à l'assemblage de plusieurs pièces qui permettent de la faire avancer, de la diriger et de l'arrêter.

10. Comment fonctionnent

Cherchons ensemble

- Quelle différence y a-t-il entre laver son linge à la main dans une bassine et utiliser une machine à laver ?
- Qu'est-ce qui permet à un téléviseur de fonctionner ?

Document 1 : Une personne qui presse des oranges à la main.

Document 2 : Une agrafeuse.

Document 3 : Un moulin à légumes.

▶ À la main

Tous les appareils ont besoin d'énergie pour fonctionner. Pour certains petits appareils, tu apportes toi-même cette énergie. Grâce à la force de tes muscles, tu pousses, tu tires, tu tournes, tu appuies… et l'appareil presse, coupe, mélange… Mais c'est parfois fatigant !

les appareils ?

▶ À l'électricité

Aujourd'hui, la plupart des appareils et des machines fonctionnent grâce à l'énergie électrique.
L'électricité est produite par des usines, par des éoliennes grâce à la force du vent, par des turbines grâce à la force de l'eau ou par des panneaux solaires grâce à la lumière du soleil.

Document 5 : Un lampadaire allumé grâce à l'électricité fournie par un panneau solaire.

Document 4 : Une machine à laver le linge.

Questions

1. Observe le **Document 1**. Comment fait cette personne pour presser les oranges ?
2. Décris le mouvement qu'il faut faire avec la main pour que l'agrafeuse **(Document 2)** et le moulin à légumes **(Document 3)** fonctionnent.
3. Avec quoi fonctionne cette machine à laver **(Document 4)** ?
4. Que permet de faire fonctionner l'électricité produite par ce panneau solaire **(Document 5)** ?

Atelier

• Découpe des photographies de machines (bicyclette, calculatrice, lave-vaisselle, barque…) et d'appareils (tire-bouchon, perceuse, marteau, ciseaux, lampe de poche…) dans des magazines. Classe-les selon l'énergie dont ils ont besoin pour fonctionner : la force musculaire ou l'électricité.

JE RETIENS

• Un appareil a toujours besoin d'énergie pour fonctionner.
• L'énergie peut être la force musculaire de l'homme ou l'électricité.

Aujourd'hui l'électricité est beaucoup utilisée : pour éclairer, pour chauffer, pour faire marcher les appareils ménagers... Mais il faut faire attention car l'utilisation de l'électricité peut être dangereuse.

Pour allumer une ampoule électrique, il te faut plusieurs éléments.

Document 1 : Une ampoule électrique qui s'allume quand elle reçoit de l'électricité.

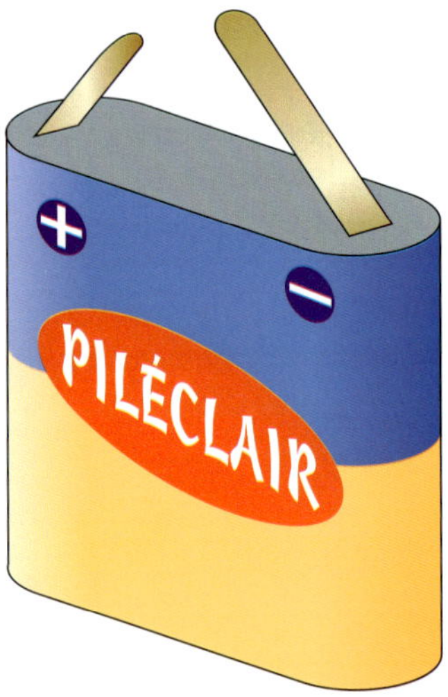

Document 2 : Une pile électrique qui fournit l'électricité nécessaire pour allumer l'ampoule.

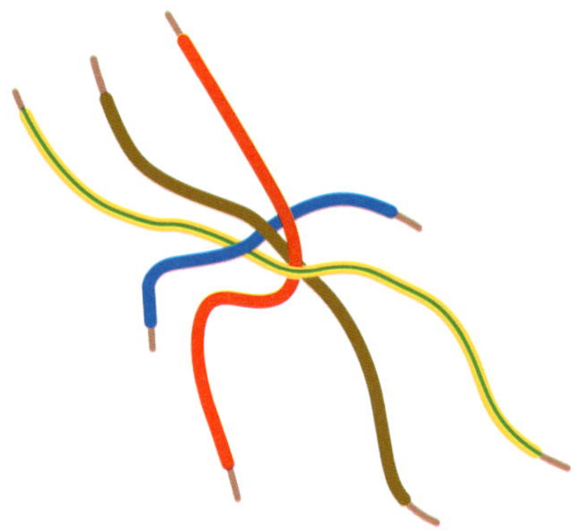

Document 3 : Des fils électriques. Ils sont en cuivre et sont recouverts de plastique. Ils conduisent l'électricité.

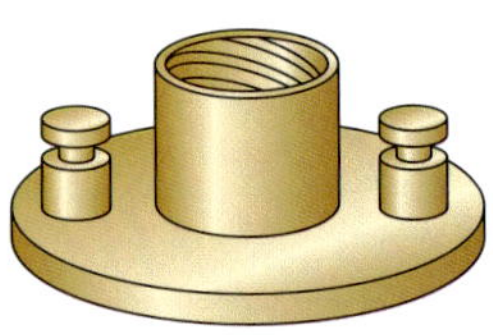

Document 4 : Une douille qui permet de relier l'ampoule aux fils électriques.

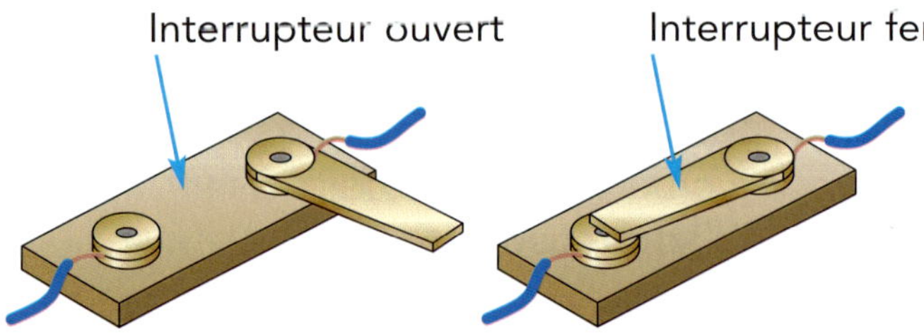

Document 5 : Un interrupteur. Quand il est ouvert, il empêche le courant électrique de passer. Quand il est fermé, il laisse le courant électrique passer. Il permet d'éteindre ou d'allumer l'ampoule.

UN CIRCUIT ÉLECTRIQUE

Pour réaliser un circuit électrique, il faut relier les différents éléments pour que l'électricité circule.

A : Repère le pôle + et le pôle – sur la pile.

B : Branche un fil sur le pôle – et relie-le à l'un des côtés de la douille.

C : Branche un autre fil sur l'autre côté de la douille et relie-le à un bout de l'interrupteur.

D : Prends un troisième fil. Fixe-le sur l'autre bout de l'interrupteur et sur le pôle + de la pile.

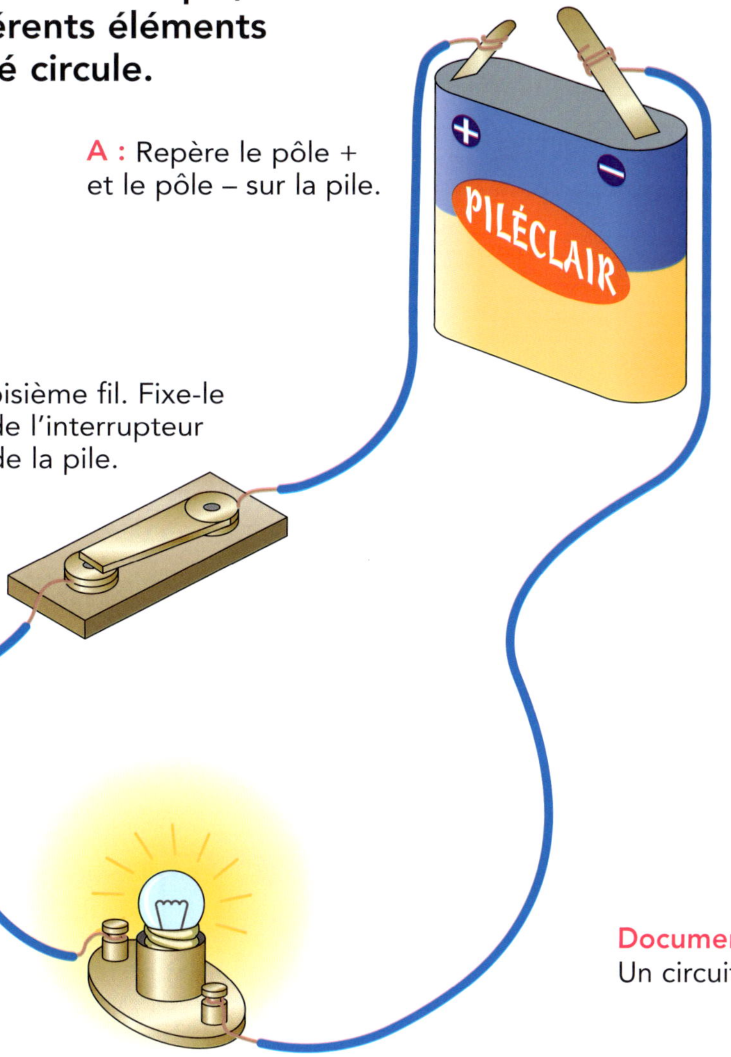

Document 6 : Un circuit électrique.

Questions

1. Observe l'ampoule (Document 1) et décris-la.
2. À quoi sert une pile électrique (Document 2) ?
3. Quel matériel permet de conduire l'électricité (Document 3) ?
4. Regarde la douille dans les Documents 4 et 6. À quoi sert-elle ?
5. Observe le Document 5. Explique comment fonctionne un interrupteur.
6. Décris le circuit électrique (Document 6). Une fois le circuit réalisé, que faut-il faire pour que la lampe s'allume ?

Atelier

- Procure-toi le matériel qui est proposé sur cette page et réalise d'autres circuits électriques en plaçant les éléments dans un ordre différent. Indique les circuits où l'ampoule s'allume et ceux où elle ne s'allume pas.

11. À quoi sert

Cherchons ensemble

- Que faut-il faire pour mettre un ordinateur en marche ?
- À quoi sert la souris de l'ordinateur ?
- Que peux-tu voir sur un écran d'ordinateur ?

H : Le modem. Relié à une prise de téléphone, il permet de connecter l'ordinateur à Internet.

I : Le graveur de CD qui enregistre des documents sur des disques.

G : La prise électrique qui fournit l'électricité qui fait fonctionner l'ordinateur.

F : Le scanner qui copie des documents et les envoie dans l'unité centrale.

E : L'appareil photographique qui fournit des images.

A : L'unité centrale. C'est le cœur de l'ordinateur.

D : Le clavier qui te permet d'écrire et de commander l'ordinateur.

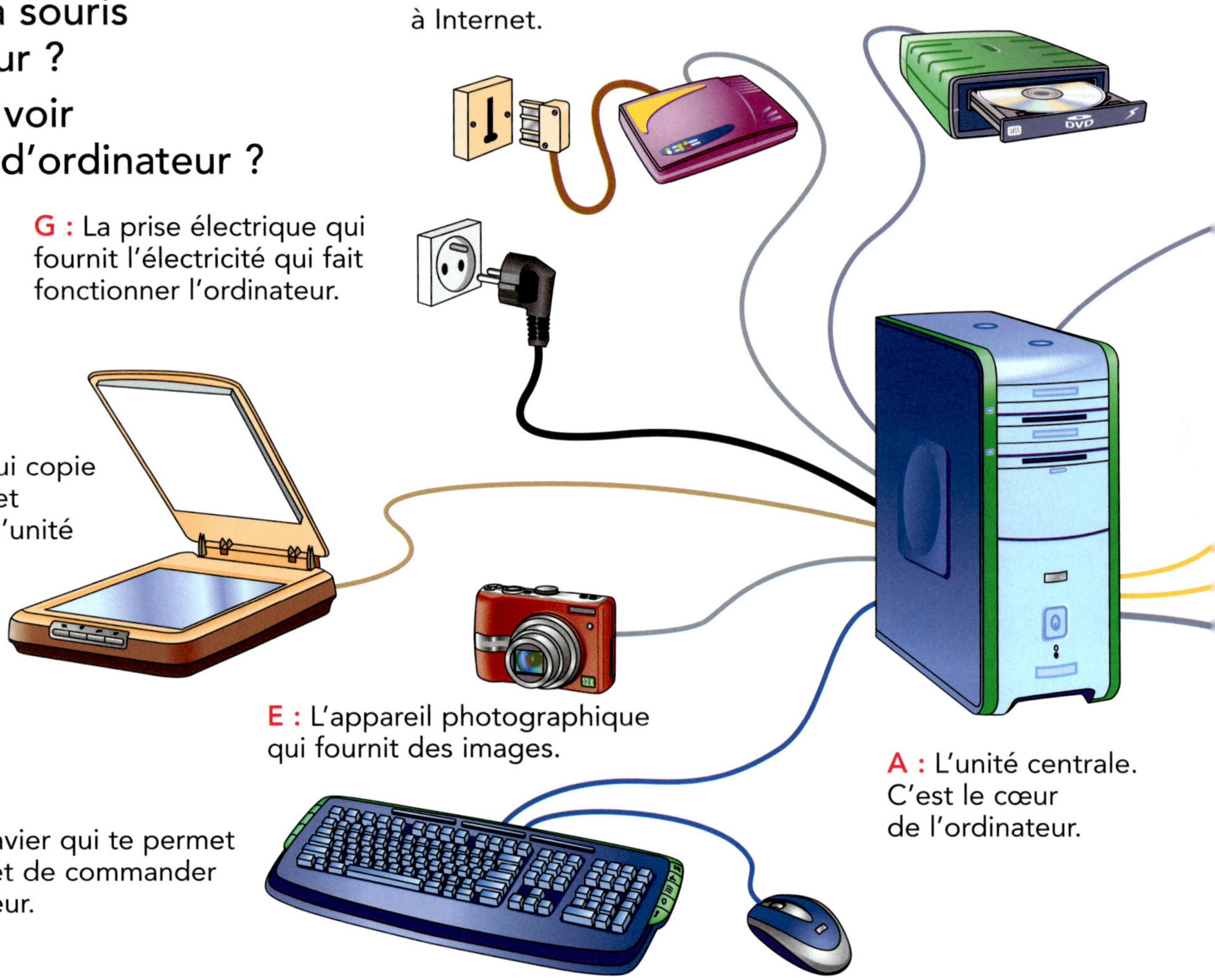

C : La souris qui te permet de te déplacer sur l'écran et de commander l'ordinateur.

Document : Les différents éléments d'un ordinateur.

▶ Une machine très complète

L'ordinateur fonctionne à l'électricité. La partie la plus importante est l'unité centrale. Elle est reliée par des câbles à tous les éléments qu'elle commande : le clavier, la souris, le graveur, l'imprimante, le scanner, les manettes de jeux…

un ordinateur ?

Objectifs : Connaître les principaux éléments d'un ordinateur et savoir ce que l'on peut faire avec.

Un ordinateur portable. Les ordinateurs sont de plus en plus petits et faciles à transporter.

J : L'imprimante qui imprime des textes ou des images.

K : Les enceintes qui diffusent le son.

B : L'écran qui affiche les documents sur lesquels tu travailles.

▸ Une machine multifonction

La mémoire de l'ordinateur contient des programmes. Selon le programme que tu choisis, l'ordinateur devient machine à écrire, à dessiner ou à calculer, console de jeux, instrument de musique...
Tu peux aussi le connecter à Internet pour recevoir et envoyer des textes, des photographies, des films, de la musique...

Atelier

• Prends une feuille de papier et construis un tableau à deux colonnes. Note dans la première colonne toutes les taches que tu peux faire avec un ordinateur : imprimer, écrire, graver, chercher des photographies... Puis note dans la seconde colonne avec quel(s) outil(s) tu peux exécuter cette tache.

Questions

1. Observe le **Document**. Combien d'éléments sont connectés à cet ordinateur ?
2. Comment s'appelle le cœur de l'ordinateur ?
3. À quoi servent les enceintes ?
4. Quels sont les deux moyens possibles pour commander l'ordinateur ?

JE RETIENS

• Un ordinateur est une machine composée de plusieurs éléments.
• Il contient des programmes qui permettent d'écrire, de calculer, de jouer, de communiquer...

SAVOIR... RECONNAÎTRE

1 **Observe ces objets, puis dis de quelle(s) matière(s) ils sont composés : bois – plastique – métal – verre – laine – cuir.**

A : Une pièce de monnaie

B : Des sandales

C : Un bonnet

D : Une bouteille

E : Un stylo plume

F : Des couverts à salade.

2 **Sous quelles formes est l'eau dans les documents ci-dessous.**

Document 1 :
Une tasse qui fume

Document 2 :
Un bonhomme de neige

Document 3 :
Des glaçons dans un verre

3 **Indique comment fonctionnent ces machines : à la main ou avec de l'électricité ?**

A : Une machine à laver la vaisselle

B : Un ouvre-boîte

C : Un robot mixer

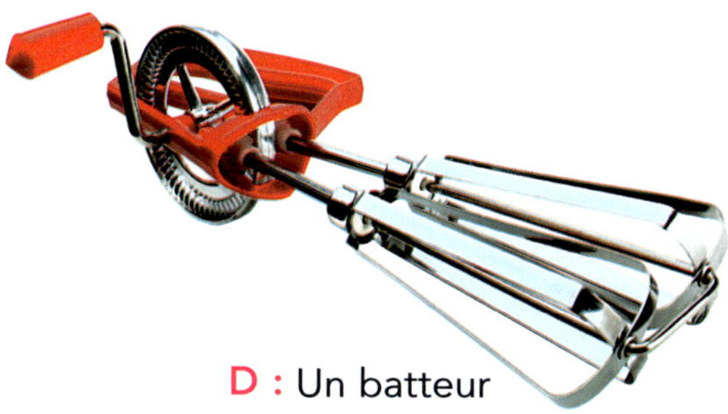

D : Un batteur

E : Une calculatrice solaire

Atelier

- Construis ton moulin à vent en suivant les indications données par le schéma ci-dessous.

Document 1 : « La chambre de Van Gogh à Arles »,
peinture de Vincent Van Gogh (19e siècle).

1. Que représente ce tableau **(Document 1)** ?
2. Quelles couleurs le peintre a-t-il utilisées pour faire les meubles et le plancher de bois ?

J'ai vu le menuisier

J'ai vu le menuisier
Tirer parti du bois.

J'ai vu le menuisier
Comparer plusieurs planches.

J'ai vu le menuisier
Caresser la plus belle.

J'ai vu le menuisier
Approcher le rabot.

J'ai vu le menuisier
Donner la juste forme.

Tu chantais, menuisier,
En assemblant l'armoire.

Je garde ton image
Avec l'odeur du bois.

Moi, j'assemble des mots
Et c'est un peu pareil.

Guillevic, *Terre à bonheur*, © Seghers, 1985.

Les machines

Les machines avaient commencé
Par rire comme des enfants
Qui semblaient vouloir amuser
Les gens de tous les continents.

Puis elles avaient tant grandi
Qu'elles étaient devenues comme
Des adolescents, puis des hommes
Précieusement munis d'outils.

Enfin, se fiant au silence
Et à la morne indifférence
De ceux qui en usaient,

Elles se mirent lentement
A devenir ces lourds géants
Qui nous broient dans leurs rêts.

Maurice Carême, *L'Envers du miroir*,

Document 2 : « Les usines fabriquant des usines » (20e siècle).

1. Observe le tableau **(Document 2)**. Que fabriquent les usines ?
2. Quelle est la couleur la plus présente ?
3. Que fait l'homme ? Décris-le.

Atelier

• En équipes, procurez-vous différentes matières faciles à découper et un tube de colle. Découpez ces différents matériaux en petits morceaux. Collez-les sur une grande feuille de carton, de façon à construire un petit village imaginaire, avec sa maison de bois, de laine, de papier, de tissu, de plastique...

MON DICO DE DÉCOUVERTE DU MONDE

A

Actif (p. 85) : qui agit. Tu es **actif** lorsque tu fais quelque chose.

Adolescent (p. 86) : âge entre l'enfance et l'âge adulte. Entre 13 ans et 18 ans, tu ne seras plus un(e) enfant, mais tu ne seras pas encore adulte : tu seras un(e) **adolescent(e)**.

Adulte (pp. 87, 100) : âge d'un animal ou d'un être humain qui a terminé son développement.

Aérien, aérienne (p. 12) : dans les airs. Quand tu survoles un pays, en avion ou en hélicoptère, tu peux prendre une photo **aérienne** des paysages.

Aliment (pp. 91, 97, 143) : produit que tu manges. Les légumes, la viande… sont des **aliments**.

Alimentation (p. 91) : ensemble de tout ce que l'on mange pour se nourrir.

Articulation (p. 79) : partie du corps qui permet certains mouvements. Ton corps bouge parce qu'il est articulé. Le coude est une **articulation**.

Atmosphère (p. 26) : couche d'air qui entoure la Terre. Si tu quittes l'**atmosphère** tu ne peux plus respirer.

B

Bulbe (p. 111) : partie enterrée de certaines plantes qui ressemble à un oignon. La tulipe se développe à partir d'un **bulbe**.

C

Câble (p. 150) : fil métallique. Dans un circuit électrique, les différentes parties sont reliées par un **câble** où circule le courant.

Carnivore (p. 104) : qui mange de la chair, de la viande. Le chien, le chat, le lion sont **carnivores**.

Carte (pp. 29, 31, 35) : représentation dessinée d'une région, d'un pays vu du ciel. Tu peux chercher une route sur une **carte** routière.

Cartographe (p. 32) : personne qui dessine les cartes de géographie.

Célébrer (p. 58) : organiser une cérémonie pour marquer une chose importante. Tu peux **célébrer** ton anniversaire, la fête des mères…

Céréale (p. 96) : plante à grains comme le riz, le blé, le maïs. Tu manges peut-être des **céréales** en flocons pour ton petit déjeuner.

Cérémonie (p. 59) : fête d'un événement important, par exemple la **cérémonie** du mariage.

Chaîne (p. 144) : suite d'anneaux engagés les uns dans les autres. Chaque anneau est un maillon de la **chaîne**.

Climat (pp. 23, 37) : temps qu'il fait dans une région ou dans un pays. Le **climat** peut être chaud, humide, glacial…

Colonne vertébrale (p. 79) : l'ensemble des os du dos placés les uns sous les autres qui soutiennent le corps. La **colonne vertébrale** est constituée de vertèbres.

Connecter (p. 151) : relier des éléments entre eux.

Continent (pp. 28, 30) : grande étendue de terre que l'on peut parcourir sans traverser de mer. La France est située sur le **continent** européen.

Côte (p. 20) : le bord de la mer. La **côte** peut être constituée de plages, de falaises, de rochers…

Couver (p. 98) : protéger les œufs, les tenir au chaud jusqu'à leur éclosion. Les oiseaux **couvent** leurs œufs.

Croissance (p. 86) : fait de grandir. Tes ami(e)s et toi, vous grandissez : vous êtes en pleine **croissance**.

D

Déchet (pp. 116, 128, 139) : ce que nous rejetons. Les restes que tu mets à la poubelle, la fumée des usines sont des **déchets**.

Défense (p. 100) : très longue dent chez certains animaux. L'éléphant a des **défenses**.

E

Éclosion (p. 98) : moment de la naissance où un petit animal (oiseau, insecte, reptile...) déchire l'enveloppe de son œuf pour en sortir.

Électricité (pp. 129, 147, 150) : énergie qui permet de faire fonctionner les appareils que l'on branche (télévision, ordinateur, machine à laver, lampe…).

Énergie (pp. 90, 129, 146) : force qui permet de faire bouger les choses et les êtres vivants.

Énergie électrique (p. 147) : courant qui permet à certains objets de fonctionner. L'**énergie électrique** peut être fournie par des piles, ou bien arriver dans les maisons par des câbles électriques.

Environnement (p. 37) : notre milieu de vie, tout ce qu'il y a autour de nous.

Éolienne (pp. 129, 147) : grande hélice qui tourne avec la force du vent et fournit de l'électricité.

Espace (pp. 10, 17, 117) : place ou volume occupé par un objet, une personne. Il y a peu d'**espace** libre dans cette pièce. - (p 26) : immense étendue qui compose l'univers. Un satellite est dans **l'espace**.

Espèce (pp. 107, 117) : catégorie, famille d'êtres vivants. Les hommes appartiennent à l'**espèce** humaine.

Étoile (p. 27) : planète éloignée, astre qui brille dans la nuit. Le Soleil est une **étoile**.

Expirer (p. 82) : faire sortir l'air des poumons. Tu **expires** en soufflant.

F

Falaise (p. 20) : mur naturel de roches, parfois très haut, au bord de la mer.

Fleuve (p. 31) : cours d'eau qui se jette dans la mer. La Seine, le Rhône sont des **fleuves**.

Frein (p. 145) : mécanisme qui permet de ralentir ou d'arrêter un véhicule.

Frise chronologique (p. 63) : ligne du temps où l'on place des dates et des événements importants dans l'ordre où ils se déroulent.

G

Gaspiller (p. 128) : dépenser, user quelque chose sans réfléchir. Si tu laisses couler l'eau pour rien, tu la **gaspilles**.

Gaz (pp. 132, 136) : substance qui n'est ni solide, ni liquide. L'air est un **gaz**.

Généalogique (p. 65) : qui concerne la succession des générations. Tu peux faire ton arbre **généalogique**.

Génération (p. 65) : ensemble des personnes qui ont à peu près le même âge. Tes parents et toi n'êtes pas de la même **génération**.

Goût (p. 93) : un des 5 sens, il te fait connaître la saveur des aliments.

Graine (p. 110) : partie des fleurs ou des fruits que l'on sème, qui germe et donne naissance à une nouvelle plante. Les pépins de melon sont des **graines**.

Guidon (p. 145) : partie qui permet de guider le vélo, de le diriger.

H

Herbivore (p. 104) : qui se nourrit de plantes. La vache est **herbivore**.

Heure (p. 50) : période de temps. Il y a 24 **heures** dans une journée.

Histoire (pp. 59, 69) : récit des événements du passé. L'**histoire** de France raconte ce qui s'est passé dans notre pays autrefois.

Homme (pp. 16, 67, 69, 86, 96) : être humain, ensemble des hommes et des femmes.

Horizon (p. 47) : ligne qui sépare le ciel et la Terre au loin dans les paysages. Le Soleil se couche à l'**horizon**.

I

Immeuble (pp. 16, 18, 36) : grand bâtiment d'habitation, souvent à plusieurs étages. Tu peux habiter dans un **immeuble** ou dans une maison individuelle.

Inspirer (p. 82) : faire entrer de l'air dans ses poumons.

L

Légende (p. 33) : explication des couleurs et des symboles qui permettent de comprendre une carte.

Ligne du temps (p. 49) : bande de papier ou ligne qui montrent des dates et des événements dans l'ordre où ils se sont passés.

M

Mammifère (p. 99) : animal qui met au monde des petits vivants et les nourrit du lait de ses mamelles. Le chien, la vache, la baleine sont des **mammifères**.

Masse (p. 142) : quantité de matière qui constitue un objet. On parle aussi de ce qu'il pèse, de son poids.

Matière (pp. 125, 126) : ce qui constitue les objets. Le bois, le plastique, le verre... sont des **matières**.

Mémoire (p. 151) : partie d'un ordinateur qui enregistre et garde les informations, comme ton cerveau conserve des connaissances et des souvenirs.

Mer (pp. 20, 30) : vaste étendue d'eau salée. La Méditerranée est une **mer**.

Mesurer (pp. 51, 86, 124, 135, 142) : indiquer par un nombre (et une unité) la grandeur, la taille, le poids, la durée... Ta règle **mesure** 20 cm.

Métamorphose (p. 101) : un grand changement, une transformation importante comme la **métamorphose** de la chenille en papillon.

Météorologue (p. 34) : personne qui étudie la météo et prévoit le temps qu'il va faire.

Milieu de vie (p. 106) : tout ce qui existe dans le lieu où vit un être vivant (le climat, la ville ou la campagne, l'air pur ou pollué...).

Minute (p. 50) : partie de l'heure. Il y a 60 **minutes** dans une heure.

Mode de vie (p. 37) : ensemble des habitudes de vie, des façons différentes de se nourrir, de construire les maisons, de passer son temps... Ton **mode de vie** est différent de celui d'autres enfants du monde.

Montagne (pp. 16, 22, 31) : immense masse de terre et de roche avec une élévation importante du terrain. Les Alpes sont des **montagnes**.

Monument (p. 68) : construction d'autrefois. La Tour Eiffel est un **monument** de Paris.

Muscle (pp. 78, 146) : chair qui constitue notre corps. Les **muscles**, attachés aux os, permettent les mouvements de notre corps.

N

Nageoire (p. 107) : partie du corps du poisson dont les mouvements lui permettent de nager et de se déplacer dans l'eau.

Nature (pp. 16, 19, 96, 116, 126, 136) : tout ce qui existe dans le monde et qui n'a pas été fabriqué par l'homme. Lorsque tu te promènes dans une forêt, tu es dans la **nature**.

Naturel, naturelle (pp. 17, 126) : qui existe dans la nature, qui n'a pas été fait(e) par l'homme. La laine des moutons est un produit **naturel**.

O

Océan (pp. 20, 28) : très grande étendue d'eau salée. Le plus grand est l'**océan** Pacifique.

Odorat (p. 93) : un des 5 sens qui permet de sentir les odeurs avec le nez.

Omnivore (p. 105) : qui mange de tout, aussi bien des plantes que de la viande. Les hommes sont **omnivores**.

Ouïe (p. 92) : un des 5 sens qui te permet d'entendre et d'écouter.

Outil (p. 124) : instrument qui sert pour effectuer un travail : le marteau, la pelle, le râteau sont des **outils**.

P

Panneau solaire (pp. 129, 147) : appareil plat qui capte l'énergie du soleil.

Pays (p. 30) : territoire limité par des frontières. La France, est un **pays**.

Paysage (pp. 16, 20) : tout ce que l'on voit à l'extérieur quand on regarde autour de soi. Les champs, les montagnes, la ville, la mer... forment des **paysages**.

Pétrole (p. 127) : huile épaisse que l'on trouve dans le sol. Le plastique et l'essence sont fabriqués avec du **pétrole**.

Pignon (p. 144) : roue dentée fixée sur la roue arrière et sur le cadre d'un vélo. Le **pignon** est entraîné par la chaîne.

Plage (p. 20) : étendue plate de sable ou de galets au bord de la mer.

Plaine (p. 31) : grande région très basse et très plate, sans montagnes.

Plan (pp. 11, 12) : dessin simplifié qui représente une maison, une ville, un quartier vu de dessus.

Planète (pp. 26, 116) : astre qui tourne autour du Soleil. La Terre est une **planète**.

Pôle (p. 28) : point le plus haut et le plus bas autour desquels le globe terrestre tourne : le **pôle Nord** et le **pôle Sud**.

Pollution (pp. 117, 129, 139) : dégât provoqué dans la nature par les déchets rejetés par les hommes, les voitures, les usines... Les poissons souffrent de la **pollution** des rivières.

Port (p. 21) : endroit protégé construit par les hommes, au bord de la mer, où les bateaux viennent s'abriter.

Potable (p. 138) : que l'on peut boire sans danger. L'eau est **potable** lorsqu'elle est pure et propre.

Poumon (p. 83) : organe situé dans la poitrine qui permet la respiration. Tu as 2 **poumons**.

Prévision (p. 35) : chose que l'on prévoit à l'avance, qui peut se produire. Tu prends un parapluie en **prévision** du mauvais temps.

Programme (p. 151) : instructions qui permettent à l'ordinateur de fonctionner. Tu choisis un **programme** de jeu ou de travail.

Q

Quartier (p. 12) : partie de la ville. Tes voisins et toi, vous habitez le même **quartier**.

R

Racine (pp. 110, 112) : partie généralement souterraine d'une plante.

Randonnée (p. 23) : longue promenade dans la nature.

Réchauffement (p. 116) : élévation de la température.

Recycler (p. 129) : réutiliser. On récupère les vieux papiers pour refaire du papier neuf (papier **recyclé**).

(se) Reproduire (p. 116) : produire de nouveaux êtres vivants. Les hommes et les animaux ont des petits, ils **se reproduisent**.

Respiration (p. 82) : mouvement qui consiste à remplir ses poumons d'air, puis à les vider.

Ressource (p. 128) : ce que les hommes puisent dans la nature. Le bois, l'eau, le pétrole sont des **ressources**.

S

Saison (pp. 23, 57) : partie de l'année qui dure 3 mois : l'été, l'automne, l'hiver et le printemps sont les 4 **saisons**.

Schéma (p. 65) : dessin simplifié qui sert à expliquer quelque chose. Tu peux faire un **schéma** pour mieux comprendre un problème.

Seconde (p. 50) : petite unité de temps. Il y a 60 **secondes** dans un minute.

Sommet (p. 22) : partie la plus haute d'une montagne.

Source d'énergie (p. 129) : ce qui peut produire un travail. L'eau, le vent, le pétrole, ... sont des **sources d'énergie**.

Station d'épuration (p. 139) : grands bassins où l'on nettoie l'eau usée pour la rendre propre dans les rivières.

Symbole (p. 32) : dessin très simple utilisé pour représenter des éléments sur une carte.

Système solaire (p. 27) : ensemble constitué par le Soleil et les astres qui tournent autour.

T

Température (pp. 34, 134, 137) : phénomène qui donne la sensation de chaud ou de froid. On mesure la **température** avec un thermomètre.

Tige (p. 110) : partie de la plante sur laquelle sont attachées les feuilles et les fleurs.

Toucher (p. 92) : un des 5 sens, qui permet de connaître les choses en les touchant. La peau est l'organe du **toucher**.

Touriste (p. 21, 23) : personne qui voyage, qui passe ses vacances dans une région.

Transformation (p. 127) : changement, modification. La **transformation** du pétrole produit de l'essence, du plastique...

Tubercule (p. 111) : partie d'une plante que l'on peut mettre en terre pour obtenir de nouvelles plantes. Les pommes de terre sont des **tubercules**.

Turbine (p. 147) : roue métallique qui tourne grâce à la force de l'eau utilisée pour produire de l'électricité.

U

Unité centrale (p. 150) : partie principale de l'ordinateur qui exécute les programmes. Le clavier, la souris, l'écran sont branchés sur l'**unité centrale**.

Usine (pp. 16, 23, 139) : bâtiment où l'on fabrique des objets, où l'on produit de l'énergie. Les voitures proviennent d'**usines** automobiles.

V

Vallée (p. 23) : région creuse située entre les montagnes. Les rivières coulent dans les **vallées**.

Vapeur (p. 136) : gaz. En chauffant, un liquide se transforme en **vapeur**.

Volume (p. 83) : place occupée par les objets dans l'espace. Quand on le gonfle, un ballon augmente de **volume**.

Vue (p. 92) : un des 5 sens, grâce auquel tu vois le monde qui t'entoure.

W

Week-end (p. 54) : mot anglais qui désigne la fin de la semaine, le samedi et le dimanche.

Crédits photographiques

L'ESPACE : Pp. 8 et 9. © A.M Perrodin - **P. 10 : h.** © J. L. Petit/Petit Format/Hoaqui/Eyedea ; **1.** © Nicolas Tavernier/REA - **P. 12 : 1.** © Yann Arthus-Bertrand/Altitude ; **2.** © Mappy ; **3.** © Doug Scott/Age Fotostock/Hoaqui/Eyedea - **P. 14 : h.** © SAKIstyle/Gettyimages ; **1, 2, 3.** © R. Matina/Hoaqui/Eyedea - **P. 15 : 4.** © Philippe Roy/Explorer/Hoaqui/Eyedea ; **5.** © Claire Aubriac/Grandeur nature/Eyedea ; **6.** © Emmanuel Valentin/Hoaqui/Eyedea - **P. 16 : 1.** © J. Cedre/Grandeur nature/Hoaqui/Eyedea ; **2.** © Henri-Alain Segalen/Top/Eyedea - **P. 17 : 3.** ©Philippe Royer/Hoaqui/Eyedea ; **4.** © Christophe Boisvieux/Hoaqui/Eyedea - **P. 18 : 1.** © J. P. Lescouret/ Explorer/Hoaqui/Eyedea ; **2.** © Thomas Fred/Hoaqui/Eyedea - **P. 19 : 3.** © Francis Jalain/Explorer/Hoaqui/Eyedea ; **4.** © Yann Brioux/Grandeur nature/Hoaqui/Eyedea - **P. 20 : 1.** © Jose Fuste Raga/Age Fotostock/Hoaqui/Eyedea ; **2.** © Gérald Morand-Grahame/Hoaqui/Eyedea - **P. 21 : 3.** © Thierry Perrin/Hoaqui/Eyedea ; **4.** © Benoît Decout/REA ; **5.** © François Le Divenah/Photononstop - **P. 22 : h.** © Cornelia Doerr/Age Fotostock/Hoaqui/Eyedea ; **1.** © Gilles Fillot/Francedias.com ; **2.** © R. Mattes/Explorer/Hoaqui/Eyedea - **P. 23 : 3.** © D. Goudouneix/Explorer/Hoaqui/Eyedea ; **4.** © Doug Scott/Age Fotostock/Hoaqui/Eyedea - **P. 24 : h.** © Martin Rugner/Age Fotostock/Hoaqui/Eyedea ; **1.** © Dominique Reperant/Hoaqui/Eyedea – **P. 25 : 2, 3, 4.** © Dominique Reperant/Hoaqui/Eyedea - **P. 26 : h.** © Thomas Fred/Hoaqui/Eyedea ; **1.** © PLI/S. P. L/Cosmos - **P. 28 : h.** © Planetary Visions/S.P.L/Cosmos ; **1.** © Jacques Loïc/Photononstop - **P. 30 : 1.** © Nick Gibson/Age Fotostock/Hoaqui/Eyedea - **P. 32 : 1.** et **p. 33 : 4.** © Yann Arthus-Bertrand/Altitude - **P. 34 : hg.** © Philippe Roy/Hoaqui/Eyedea ; **hd.** © Mark Romine/Age Fotostock/Hoaqui/Eyedea ; **1.** © De Tienda/Wallis ; **2.** © Marc Rapilliard/Bios ; **3.** © Ruddy Gold/Age Fotostock/Hoaqui/Eyedea - **P. 36 : 1.** © Gilles Guittard/Hoaqui/Eyedea ; **2.** © Christian Vaisse/Hoaqui/Eyedea - **P. 37 : 3.** © Grandadam Sylvain/Hoaqui/Eyedea ; **4.** © Jacques Brun/Explorer/Hoaqui/Eyedea ; **5.** © Allan Doug/Nature PL/Hoaqui/Eyedea - **P. 38 : 1.** © Aures Delphine/Jacana/Eyedea ; **2.** © San Bughet/Hoaqui/Eyedea ; **3.** © Lescourret J.-P./Explorer/Hoaqui/Eyedea ; **4.** © Grandadam Sylvain/Explorer/Hoaqui/Eyedea. - **P. 39 : 5.** © Angelo Cavali/Age Fotostock/ Hoaqui/Eyedea ; **6.** © Michael et Mary Orton/Age Fotostock/Hoaqui/Eyedea ; **7.** © Michel Renaudeau/Hoaqui/Eyedea ; **8.** © Tony Latham/Stone/ Gettyimages - **P. 42 : 1.** © coll. Rossignol/Kharbine-Tapabor - **P. 43 : 2.** © Photo RMN/Hervé Lewandowski.

LE TEMPS : Pp. 44 et 45 : © Eduardo Ripoll/Age Fotostock/Hoaqui/Eyedea - **P. 46 : 1.** © Adastra/Taxi/Gettyimages - **P. 47 : h.** © F. Rombout/Hoaqui/Eyedea - **P. 48 : h.** © Stuart Pearce/Age Fotostock/Hoaqui/Eyedea - **P. 50 : 1.** © Gilles Rolle/REA ; **2.** © Casio/Europe Gmbh,1995-2007 ; **3.** © Raimund Koch/Photonica/Gettyimages ; **4.** © The Art Archive/Palais Royal/Dagli Orti - **P. 51** : **5.** © FoodPix/JupiterImages ; **6-7.** © Davies & Starr/Gettyimages ; **bd.** © FoodPix/JupiterImages - **P. 54 : h.** © Jeff Cadge/Gettyimages ; **b.** © Laurence Dutton/Gettyimages - **P. 55 : h.** © Pedro Coll/Age Fotostock/Hoaqui/Eyedea - **P. 56 : 2g.** © Emilio Ereza/AgeFotostock/Hoaqui/Eyedea ; **2d.** © Martin Rugner/Age Fotostock/Hoaqui/Eyedea -

P. 57 : 2g. © Martin Siepmann/Age Fotostock/Hoaqui/Eyedea ; **2d.** © Martin Rugner/Age Fotostock/Hoaqui/Eyedea - **P. 58 : h.** © Fred Thomas/Hoaqui/Eyedea ; **1.** © Owen Franken/Hoaqui/Eyedea ; **2.** © Martin Barraud/Gettyimages - **P. 59 : 3.** © Explorer Archives/Keystone-France/Eyedea ; **4.** © Alain Nogues/Corbis Sygma - **P. 60 : h.** © Vincent Mignotte/Hoaqui/Eyedea - **P. 61 : hg.** © Alfred Wolf/Hoaqui/Eyedea **; hd.** © Chris Barlett/Gettyimages – **Pp 62 et 63 : 1. et 4g.** © Robert E. Daemmrich/Gettyimages ; **2. et 4c.** © Bill Losh/Gettyimages ; **3. et 4d.** © Marina Jefferson/Gettyimages - **P. 64 : 1.** © Romilly Lockyer/Gettyimages - **P. 66 : 1.** © Keystone-France/Eyedea ; **2.** © Arthur W. V. Mace ; Milepost 92 /Corbis ; **3.** © R. Doisneau/Rapho/Eyedea - **P. 67 : 4.** © Larry Gatz/Gettyimages ; **5.** © Catherine Ledner/Gettyimages ; **6.** © Michel Troncy/Hoaqui/Eyedea - **P. 68 : 1.** © Atlantide S.N.C./Age Fotostock/Hoaqui/Eyedea ; **2.** © Sylvain Grandadam/Hoaqui/Eyedea - **P. 69 : 3.** © The Art Archive/Musée Condé/Dagli Orti ; **4.** © The Art Archive/Musée des Arts Décoratifs Paris/Dagli Orti (A) - **P. 70 : A.** © Galaxy contact/Explorer/Hoaqui/Eyedea ; **B.** © Ghislaine Morel/Gamma/Eyedea ; **C.** © Nasa/Science Photo Library/Cosmos - **P. 71 : D.** © Mary Evans/Eyedea ; **E. et G.** © Costa/Leemage - **P. 73 : 1.** © Hervé Champollion /Top/eyedea ; **2.** © Keystone-France/Eyedea - **P. 74 : 1.** © Tim Grajek/Gettyimages ; **2.** © Jacques Gayard/REA, ADAGP, Paris 2007 - **P. 75** : **3.** © Jean-Gilles Berizzi/Photo RMN.

LE VIVANT : Pp. 76 et 77 : © Philippe Royer/Hoaqui/Eyedea - **P. 78 : 1.** © Alan Levenson/Age Fotostock/Hoaqui/Eyedea ; **2 :** © Picture Partners/Age Fotostock/Hoaqui/Eyedea ; **3 :** © Philippe Roy/Hoaqui/Eyedea - **P. 80** : **1.** © Dave Nagel/Taxi/Gettyimages - **P. 82 : 1 et 2 :** © J. M Labat et Y. Lanceau/Phone/Biosphoto - **P. 83 : h :** © Japack/Sunset ; **3 et 4.** © Pr Michel Brauner/ISM - **Pp. 84 - 85 : h.** © Mermet/Photononstop ; **1A, 1B et 1C. :** © Jaume Gual/Age Fotostock/Hoaqui/Eyedea - **P. 85 : 2 :** © Chad Ehlers/Age Fotostock/Hoaqui/Eyedea - **P. 86 : h.** © BSIP/Mendil ; **1.** © Picture Partners/Age Fotostock/Hoaqui/Eyedea ; **2.** © Sylvie Dupont/Petit format/Hoaqui/Eyedea ; **3.** © Esbin-Anderson/Age Fotostock/Hoaqui/Eyedea - **P. 87 : 4 et 5.** © Arthur Tilley/Taxi/Gettyimages - **P. 88 : h.** © Ariel Skelley/Corbis ; **1.** © Eduardo Ripoll/Age Fotostock/Hoaqui/Eyedea ; **2.** © Bertrand Machet/Hoaqui/Eyedea ; **3.** © Liane Cary/Age Fotostock/Hoaqui/Eyedea. - **P. 90 : h :** © Peter Holmes/Age Fotostock/Hoaqui/Eyedea **; 1.** © Willy de l'Horme/Photononstop - **P. 92 : 1.** © Jaume Gual/ Age Fotostock/Hoaqui/Eyedea ; **2.** © Fotokia/Age Fotostock/Hoaqui/Eyedea ; **3.** © Liane Cary/Age Fotostock/Hoaqui/Eyedea ; **4.** © Till Jacket/Photononstop - **P. 93 : 5.** © Robert Daly/Stone/Gettyimages ; **6.** © Liane Cary/Age Fotostock/Hoaqui/Eyedea - **P. 94 : h.** © Mermet/Photononstop ; **1.** © Garry Gay/Gettyimages ; **2.** © Maurice Rougemont/Top/Eyedea ; **3.** © Jean-François Rivière/Top/Eyedea ; **4.** : © Jess Koppel/Stone/Gettyimages - **P. 95 : 6.** © Foodpix/JupiterImages - **P. 96 : h.** © Anne Ackermann/Taxi/Gettyimages ; **1.** © Fred Thomas /Hoaqui/Eyedea ; **tarte.** © Jean-François Rivière/Top/Eyedea ; **compote.** © Foodpix/Jupiterimages ; **cidre.** © Philippe Body/Hoaqui/Eyedea ; **jus de pomme.** © Henri Veiller/Explorer/Hoaqui/Eyedea. - **P. 97 : 2.** © Francis Jalain/Explorer/Hoaqui/Eyedea ; **lait, beurre et yaourt.** © Peter Holmes/Age Fotostock/Hoaqui/Eyedea ; **fromage.** © Anthony Johnson/Gettyimages ; **viande.** © Tom Main/Stone/Gettyimages - **P. 98 : 1.** © Denis Bringard/Bios ; **2.** © Valter/Phone/Bios **; 3.** © Anthony Bannister/Gallo Images/Corbis - **P. 99 : 4.** © Jane Burton/DK Limited/Corbis ; **5.** © P. Etcheverry/Colibri. - **P. 100 : 1.** © Fritz Polking/Jacana/Eyedea ; **2.** © A. Bartel/Taxi/Gettyimages ; **3.** © J.-L. Klein & H.-L.Hubert/Bios. - **P. 101 : 4, 5, 6** © A. et J. Six. - **P. 102 : h. ©** VCL/Taxi/Gettyimages **; 1.** © De Courty/Jacana/Eyedea ; **2.** © J.-M. Labat/Phone/Bios ; **3.** © NHPA/Sunset; **4.** © Rouxaime/Jacana/Eyedea - **P. 103 : 5.** © DR Frazier/Photo researchers/Jacana/Eyedea ; **6.** © Michel Bureau/Bios ; **7.** © Joel Sartore/National Geographic/Gettyimages ; **8.** © Frank Lukasseck/Age Fotostock/Hoaqui/Eyedea - **P. 104 : 1.** © Ray Massey/Stone/Gettyimages ; **2.** © L. Casiano/Colibri ; **3.** © Martin Harvey/Gallo Images/Corbis - **P. 105 : 4.** © Angelo Gandolfi/Jacana/Eyedea ; **5.** © Daniel Heuclin/Bios - **P. 106 : 1.** © Francois Gilson/Bios ; **2.** © Jack Milchanowski/Age Fotostock/Hoaqui/Eyedea ; **3.** © E. A. Janes/Age Fotostock/Hoaqui/Eyedea. - **P. 107 : 4.** © Fritz Polking/Jacana/Eyedea ; **5.** © Martin Siepmann/Age Fotostock/Hoaqui/Eyedea ; **6.** © Georgie Holland/Age Fotostock/Hoaqui/Eyedea ; **7.** © Bartomeu Borrell/Age Fotostock/Hoaqui/Eyedea. **P. 108 : 1.** © A. Guerrier/Colibri ; **2.** © S. Bréal et J. Y. Lavergne/Colibri - **P. 109 : 3.** © A. M Loubsens/Colobri ; **4.** © S. Bréal et J. Y. Lavergne/Colibri ; **5.** © Cyril Ruoso/Bios - **P. 110 : 1.** © Alain Rivière Lecœur/Top/Eyedea ; **2.** © Manfred Seelow/Top/Eyedea - **P. 111 : 4g.** © Dorling Kindersley/Gettyimages ; **5d.** © Aurore Geretto/Grandeur nature/Hoaqui/Eyedea ; **5.** © Thaïs A./Bios - **P. 112 : 1.** © J.-M. Labat/Phone/Bios ; **2.** © Bruce Dale/National Geographic/Gettyimages ; **3.** © Patrick Escudero/Hoaqui/Eyedea - **P. 113 : 4.** © Chromazone/Photononstop ; **5.** © Delphine Aures/Jacana/Eyedea. - **P. 114 : 1, 2, 3, 4** © Denis Bringard/Bios - **P. 115 : 5, 6, 7.** © J.-M. Labat/Phone/Bios ; **8.** © J.-M. Labat et Y. Lanceau/Phone/Bios - **P. 116 : 1.** © Tohoku Color Agency/Japan Images/Gettyimages ; **2.** © Francis Latreille/Hoaqui/Eyedea ; **3.** © Patrick de Wilde/Hoaqui/Eyedea - **P. 117 : 4.** © Denis Bringard/Sunset ; **5.** © Christophe Ena/REA - **P. 118 : 1.** © Cornelia Doerr/Age Fotostock/Hoaqui/Eyedea ; **2.** © Niall Benvie/NPL/Jacana/Eyedea ; **3.** © J.-M. Labat et P. Rocher/Phone/Bios ; **4.** © Photothèque Hachette ; **A.** © Andreas Von Einsiedel/Dorling Kindersley/Gettyimages ; **B.** © Jose Antonio Jimenez/Age Fotostock/Hoaqui/Eyedea ; **C.** © Age Fotostock/Hoaqui/Eyedea ; **D.** © T. J. Rich/NPL/Jacana/Eyedea. - **P. 119 : 1.** © Steffen Thalemann/Iconica/Gettyimages ; **2.** © Xavier Font/Age Fotostock/Hoaqui/Eyedea ; **3.** © C. V. Dandrea/Age Fotostock/Hoaqui/Eyedea ; **4.** © M. Willemeit/Jacana/Eyedea ; **5.** © Henryk T. Kaiser/Age Fotostock/Hoaqui/Eyedea ; **6.** © Willard Clay/Taxi/Gettyimages ; **7.** © Jean-Michel Georges/Top/Eyedea ; **8.** © Jean-Michel Groult/Bios - **P. 120** : **1.** © Bridgeman Giraudon - **P. 121: 2.** © Ellen Schuster/Gettyimages.

LA MATIÈRE : Pp.122 et 123 : © David Sacks/Gettyimages - **P. 124 : h.** © Sylvie Dupont/Petit format/Hoaqui/Eyedea ; **1.** © Index Stock Imagery/Jupiterimages ; **2, 3, 4.** © Mauritius/Photononstop - **P. 125 : 5.** © Steve Gorton/Dorling Kindersley/Gettyimages ; **6.** © Microzoa/Gettyimages ; **7.** © Kah Lena/Hoaqui/Eyedea - **P. 126 : 1.** © David Aubrey/Taxi/Gettyimages ; **laine.** © Photo Bank Yokohama/Hoaqui/Eyedea ; **chaussures.** © Michael Wildsmith/Gettyimages ; **2.** © Sally A. Morgan/Ecoscene/Corbis ; **3.** © Stefano Azario/Taxi/Gettyimages. - **P. 127 : 4.** © Pascal Parrot/Corbis Sygma ; **5.** © Lars Langemeier/A.B./Zefa/Corbis ; **6.** © Sean Ellis/Gettyimages - **P. 128 : 1.** © Franck Charel/Hoaqui/Eyedea ; **2.** © Julien Hekimian/Corbis Sygma. - **P. 129 : 3.** © F. Jalain-TMN/Explorer/Hoaqui/Eyedea ; **4.** © Jean-Claude Thuillier/REA - **P. 130 : h.** © Patrick Allard/REA ; **1.** © Bernard Annebicque/Corbis Sygma ; **2.** © Mitch Kezar/Riser/Gettyimages ; **3.** © Pierre Bessard/REA. - **P. 131 : 4.** © Sally A. Morgan/Ecoscene/Corbis ; **5.** © Louie Psihoyos/Corbis ; **6.** © H. David Seawell/Corbis – **P.132 : 1.** © Doug Scott/Age Fotostock/Hoaqui/Eyedea ; **2.** © Flynn Larsen/Photonica/Gettyimages ; **3.** © Paul Thomas/Gettyimages - **P. 133 : 4.** © Liane Cary/Age Fotostock/Hoaqui/Eyedea - **P. 134 : 1.** © Nils-Johan Norenlind/Age Fotostock/Hoaqui/Eyedea ; **2.** © Michael Gaillard/REA ; **3.** © Raymond Reuter/Corbis Sygma - **P. 135 : h.** © Randy Faris/Corbis ; **4.** © Andrew Lambert Photography/Science Photo Library/Cosmos ; **5.** © Jessica Abad de Gail/Age Fotostock/Hoaqui/Eyedea - **P. 136 : 1.** © Dominique Delfino/Sunset ; **2.** © Trapman/Hoaqui/Eyedea ; **3.** © Bruno Morandi/NF/Hoaqui/Eyedea - **P. 137 : 4h.** © Walter Geiersperger/Age Fotostock/Hoaqui/Eyedea ; **4b.** D.R. ; **5.** © Dorling Kindersley/Gettyimages ; **6.** © A. Béguerie - **P. 138 : 1 et 2.** © Van Den Broucke Bert/PNS/Gammapresse ; **3.** © Javier Diez Compadre/Age Fotostock/Hoaqui/Eyedea - **P. 139 : 4.** © Werner Otto/Age Fotostock/Hoaqui/Eyedea **; 5.** © Martin Fraudreau/Top/Eyedea - **P. 142 : 1 et 2.** © Pascal Sittler/REA ; **3.** © Antoine Devouard/REA - **P. 143 : 4.** © J.-M. Labat ; **5.** © Constructions Nanceiennes de pesage - **P. 144 : 1.** © John Kelly/Gettyimages - **P. 146 : 1.** © Foodpix/JupiterImages ; **2.** © Peter Dazeley/Corbis ; **3.** © Conservatoire Seb Lyon - **P. 147 : 4.** © Vincent Leblic/Photononstop ; **5.** © Pierre Gleizes/Réa - **P. 151 : h.** © Brian Summers/First Light/Gettyimages - **P. 152 : A.** © Fred Thomas/Hoaqui/Eyedea ; **B.** © Leiva Alvaro/Age Fotostock/Hoaqui/Eyedea ; **C.** © Stephen Oliver/Dorling Kindersley/Gettyimages ; **D.** © Pascal Sittler/REA ; **E.** © Derek Hillier/Imagestate/GHFP/Eyedea ; **F.** © Dorling Kindersley/Gettyimages ; **1.** © David Zaitz/Photonica/Gettyimages ; **2.** © Nils-Johan Norenlind/Age Fotostock/Hoaqui/Eyedea ; **3.** © Davies & Starr/Stone/Gettyimages - **P. 153 : A.** © Anthony Marsland/Stone/Gettyimages ; **B.** © Pallaske/F1 online/Wallis ; **C.** © Conservatoire Seb Lyon ; **D.** © CSA Plastock/Gettyimages ; **E.** Dorling Kindersley/Gettyimages - **P. 154 : 1.** © Vincent Van Gogh/The Bridgeman Art Library/Gettyimages - **P. 155 : 2.** © John Labbe/Gettyimages.

Achevé d'imprimer en Espagne par CAYFOSA
Dépôt légal : 06/2009 - Collection 90 - Edition 03
11/7390/5